CHECO

VOCABULÁRIO

PORTUGUÊS BRASILEIRO

PORTUGUÊS CHECO

Para alargar o seu léxico e apurar as suas competências linguísticas

5000 palavras

Vocabulário Português Brasileiro-Checo - 5000 palavras

Por Andrey Taranov

Os vocabulários da T&P Books destinam-se a ajudar a aprender, a memorizar, e a rever palavras estrangeiras. O dicionário é dividido em temas, cobrindo todas as principais esferas de atividades quotidianas, negócios, ciência, cultura, etc.

O processo de aprendizagem, utilizando os dicionários baseados em temáticas da T&P Books dá-lhe as seguintes vantagens:

- Informação de origem corretamente agrupada predetermina o sucesso em fases subsequentes da memorização de palavras
- Disponibilização de palavras derivadas da mesma raiz, o que permite a memorização de unidades de texto (em vez de palavras separadas)
- Pequenas unidades de palavras facilitam o processo de estabelecimento de vínculos associativos necessários para a consolidação do vocabulário
- O nível de conhecimento da língua pode ser estimado pelo número de palavras aprendidas

Copyright © 2019 T&P Books Publishing

Todos os direitos reservados. Nenhuma parte desta publicação pode ser reproduzida, total ou parcialmente, por quaisquer métodos ou processos, sejam eles eletrônicos, mecânicos, de fotocópia ou outros, sem a autorização escrita do editor. Esta publicação não pode ser divulgada, copiada ou distribuída em nenhum formato.

T&P Books Publishing
www.tpbooks.com

ISBN: 978-1-78767-398-4

Este livro também está disponível em formato E-book.
Por favor visite www.tpbooks.com ou as principais livrarias on-line.

VOCABULÁRIO CHECO
palavras mais úteis

Os vocabulários da T&P Books destinam-se a ajudar a aprender, a memorizar, e a rever palavras estrangeiras. O vocabulário contém mais de 5000 palavras de uso comum organizadas tematicamente.

O vocabulário contém as palavras mais comummente usadas
Recomendado como adicional para qualquer curso de línguas
Satisfaz as necessidades dos iniciados e dos alunos avançados de línguas estrangeiras
Conveniente para o uso diário, sessões de revisão e atividades de auto-teste
Permite avaliar o seu vocabulário

Características especias do vocabulário

- As palavras estão organizadas de acordo com o seu significado, e não por ordem alfabética
- As palavras são apresentadas em três colunas para facilitar os processos de revisão e auto-teste
- As palavras compostas são divididas em pequenos blocos para facilitar o processo de aprendizagem
- O vocabulário oferece uma transcrição simples e adequada de cada palavra estrangeira

O vocabulário contém 155 tópicos incluindo:

Conceitos básicos, Números, Cores, Meses, Estações do ano, Unidades de medida, Roupas & Acessórios, Alimentos & Nutrição, Restaurante, Membros da Família, Parentes, Caráter, Sentimentos, Emoções, Doenças, Cidade, Passeios, Compras, Dinheiro, Casa, Lar, Escritório, Trabalho no Escritório, Importação & Exportação, Marketing, Pesquisa de Emprego, Esportes, Educação, Computador, Internet, Ferramentas, Natureza, Países, Nacionalidades e muito mais ...

TABELA DE CONTEÚDOS

GUIA DE PRONUNCIAÇÃO

Alfabeto fonético T&P	Exemplo Checo	Exemplo Português
[a]	**lavina** [lavɪna]	chamar
[a:]	**banán** [bana:n]	rapaz
[e]	**beseda** [bɛsɛda]	metal
[ɛ:]	**chléb** [xlɛ:p]	plateia
[ı]	**Bible** [bɪblɛ]	sinônimo
[i:]	**chudý** [xudi:]	cair
[o]	**epocha** [ɛpoxa]	lobo
[o:]	**diagnóza** [dɪagno:za]	albatroz
[u]	**dokument** [dokumɛnt]	bonita
[u:]	**chůva** [xu:va]	blusa
[b]	**babička** [babɪʧka]	barril
[ʦ]	**celnice** [ʦɛlnɪʦɛ]	tsé-tsé
[ʧ]	**vlčák** [vlʧa:k]	Tchau!
[x]	**archeologie** [arxɛologɪe]	fricativa uvular surda
[d]	**delfín** [dɛlfi:n]	dentista
[dʲ]	**Holanďan** [holandʲan]	adiar
[f]	**atmosféra** [atmosfɛ:ra]	safári
[g]	**galaxie** [galaksɪe]	gosto
[h]	**knihovna** [knɪhovna]	[h] aspirada
[j]	**jídlo** [ji:dlo]	Vietnã
[k]	**zaplakat** [zaplakat]	aquilo
[l]	**chlapec** [xlapɛʦ]	libra
[m]	**modelář** [modɛla:rʃ]	magnólia
[n]	**imunita** [ɪmunɪta]	natureza
[nʲ]	**báseň** [ba:sɛnʲ]	ninhada
[ŋk]	**vstupenka** [vstupɛŋka]	alavanca
[p]	**poločas** [poloʧas]	presente
[r]	**senátor** [sɛna:tor]	riscar
[rʒ], [rʃ]	**bouřka** [bourʃka]	voz
[s]	**svoboda** [svoboda]	sanita
[ʃ]	**šiška** [ʃɪʃka]	mês
[t]	**turista** [turɪsta]	tulipa
[tʲ]	**poušť** [pouʃtʲ]	sitiar
[v]	**veverka** [vɛvɛrka]	fava
[z]	**zapomínat** [zapomi:nat]	sésamo
[ʒ]	**ložisko** [loʒɪsko]	talvez

ABREVIATURAS
usadas no vocabulário

Abreviaturas do Português

adj - adjetivo
adv - advérbio
anim. - animado
conj. - conjunção
desp. - esporte
etc. - Etcetera
ex. - por exemplo
f - nome feminino
f pl - feminino plural
fem. - feminino
inanim. - inanimado
m - nome masculino
m pl - masculino plural
m, f - masculino, feminino
masc. - masculino
mat. - matemática
mil. - militar
pl - plural
prep. - preposição
pron. - pronome
sb. - sobre
sing. - singular
v aux - verbo auxiliar
vi - verbo intransitivo
vi, vt - verbo intransitivo, transitivo
vr - verbo reflexivo
vt - verbo transitivo

Abreviaturas do Checo

ž - nome feminino
ž mn - feminino plural
m - nome masculino
m mn - masculino plural
m, ž - masculino, feminino
mn - plural
s - neutro
s mn - neutro plural

CONCEITOS BÁSICOS

Conceitos básicos. Parte 1

1. Pronomes

eu	**já**	[ja:]
você	**ty**	[tɪ]
ele	**on**	[on]
ela	**ona**	[ona]
nós	**my**	[mɪ]
vocês	**vy**	[vɪ]
eles, elas (inanim.)	**ony**	[onɪ]
eles, elas (anim.)	**oni**	[onɪ]

2. Cumprimentos. Saudações. Despedidas

Oi!	**Dobrý den!**	[dobri: dɛn]
Olá!	**Dobrý den!**	[dobri: dɛn]
Bom dia!	**Dobré jitro!**	[dobrɛ: jɪtro]
Boa tarde!	**Dobrý den!**	[dobri: dɛn]
Boa noite!	**Dobrý večer!**	[dobri: vɛʧɛr]
cumprimentar (vt)	**zdravit**	[zdravɪt]
Oi!	**Ahoj!**	[ahoj]
saudação (f)	**pozdrav** (m)	[pozdraf]
saudar (vt)	**zdravit**	[zdravɪt]
Tudo bem?	**Jak se máte?**	[jak sɛ ma:tɛ]
E aí, novidades?	**Co je nového?**	[ʦo jɛ novɛ:ho]
Tchau! Até logo!	**Na shledanou!**	[na sxlɛdanou]
Até breve!	**Brzy na shledanou!**	[brzɪ na sxlɛdanou]
Adeus!	**Sbohem!**	[zbohɛm]
despedir-se (dizer adeus)	**loučit se**	[louʧɪt sɛ]
Até mais!	**Ahoj!**	[ahoj]
Obrigado! -a!	**Děkuji!**	[dekujɪ]
Muito obrigado! -a!	**Děkuji mnohokrát!**	[dekujɪ mnohokra:t]
De nada	**Prosím**	[prosi:m]
Não tem de quê	**Nemoci se dočkat**	[nɛmoʦɪ sɛ doʧkat]
Não foi nada!	**Není zač**	[nɛni: zaʧ]
Desculpa!	**Promiň!**	[promɪnʲ]
Desculpe!	**Promiňte!**	[promɪnʲtɛ]
desculpar (vt)	**omlouvat**	[omlouvat]

desculpar-se (vr)	**omlouvat se**	[omlouvat sɛ]
Me desculpe	**Má soustrast**	[ma: soustrast]
Desculpe!	**Promiňte!**	[promɪnʲtɛ]
perdoar (vt)	**omlouvat**	[omlouvat]
por favor	**prosím**	[prosi:m]
Não se esqueça!	**Nezapomeňte!**	[nɛzapomɛnʲtɛ]
Com certeza!	**Jistě!**	[jɪste]
Claro que não!	**Rozhodně ne!**	[rozhodne nɛ]
Está bem! De acordo!	**Souhlasím!**	[souhlasi:m]
Chega!	**Dost!**	[dost]

3. Como se dirigir a alguém

senhor	**Pane**	[panɛ]
senhora	**Paní**	[pani:]
senhorita	**Slečno**	[slɛʧno]
jovem	**Mladý muži**	[mladi: muʒɪ]
menino	**Chlapče**	[xlapʧɛ]
menina	**Děvče**	[devʧɛ]

4. Números cardinais. Parte 1

zero	**nula** (ž)	[nula]
um	**jeden**	[jɛdɛn]
dois	**dva**	[dva]
três	**tři**	[trʃɪ]
quatro	**čtyři**	[ʧtɪrʒɪ]
cinco	**pět**	[pet]
seis	**šest**	[ʃɛst]
sete	**sedm**	[sɛdm]
oito	**osm**	[osm]
nove	**devět**	[dɛvet]
dez	**deset**	[dɛsɛt]
onze	**jedenáct**	[jɛdɛna:ʦt]
doze	**dvanáct**	[dvana:ʦt]
treze	**třináct**	[trʃɪna:ʦt]
catorze	**čtrnáct**	[ʧtrna:ʦt]
quinze	**patnáct**	[patna:ʦt]
dezesseis	**šestnáct**	[ʃɛstna:ʦt]
dezessete	**sedmnáct**	[sɛdmna:ʦt]
dezoito	**osmnáct**	[osmna:ʦt]
dezenove	**devatenáct**	[dɛvatɛna:ʦt]
vinte	**dvacet**	[dvaʦɛt]
vinte e um	**dvacet jeden**	[dvaʦɛt jɛdɛn]
vinte e dois	**dvacet dva**	[dvaʦɛt dva]
vinte e três	**dvacet tři**	[dvaʦɛt trʃɪ]
trinta	**třicet**	[trʃɪʦɛt]

trinta e um **třicet jeden** [trʃɪʦɛt jɛdɛn]
trinta e dois **třicet dva** [trʃɪʦɛt dva]
trinta e três **třicet tři** [trʃɪʦɛt trʃɪ]

quarenta **čtyřicet** [ʧtɪrʒɪʦɛt]
quarenta e um **čtyřicet jeden** [ʧtɪrʒɪʦɛt jɛdɛn]
quarenta e dois **čtyřicet dva** [ʧtɪrʒɪʦɛt dva]
quarenta e três **čtyřicet tři** [ʧtɪrʒɪʦɛt trʃɪ]

cinquenta **padesát** [padesa:t
cinquenta e um **padesát jeden** [padesa:t jɛdɛn]
cinquenta e dois **padesát dva** [padesa:t dva]
cinquenta e três **padesát tři** [padesa:t trʃɪ]

sessenta **šedesát** [ʃɛdɛsa:t
sessenta e um **šedesát jeden** [ʃɛdɛsa:t jɛdɛn]
sessenta e dois **šedesát dva** [ʃɛdɛsa:t dva]
sessenta e três **šedesát tři** [ʃɛdɛsa:t trʃɪ]

setenta **sedmdesát** [sɛdmdɛsa:t
setenta e um **sedmdesát jeden** [sɛdmdɛsa:t jɛdɛn]
setenta e dois **sedmdesát dva** [sɛdmdɛsa:t dva]
setenta e três **sedmdesát tři** [sɛdmdɛsa:t trʃɪ]

oitenta **osmdesát** [osmdɛsa:t
oitenta e um **osmdesát jeden** [osmdɛsa:t jɛdɛn]
oitenta e dois **osmdesát dva** [osmdɛsa:t dva]
oitenta e três **osmdesát tři** [osmdɛsa:t trʃɪ]

noventa **devadesát** [dɛvadɛsa:t
noventa e um **devadesát jeden** [dɛvadɛsa:t jɛdɛn]
noventa e dois **devadesát dva** [dɛvadɛsa:t dva]
noventa e três **devadesát tři** [dɛvadɛsa:t trʃɪ]

5. Números cardinais. Parte 2

cem **sto** [sto]
duzentos **dvě stě** [dve ste]
trezentos **tři sta** [trʃɪ sta]
quatrocentos **čtyři sta** [ʧtɪrʒɪ sta]
quinhentos **pět set** [pet sɛt]

seiscentos **šest set** [ʃɛst sɛt]
setecentos **sedm set** [sɛdm sɛt]
oitocentos **osm set** [osm sɛt]
novecentos **devět set** [dɛvet sɛt]

mil **tisíc** (m) [tɪsi:ʦ]
dois mil **dva tisíce** [dva tɪsi:ʦɛ]
três mil **tři tisíce** [trʃɪ tɪsi:ʦɛ]
dez mil **deset tisíc** [dɛsɛt tɪsi:ʦ]
cem mil **sto tisíc** [sto tɪsi:ʦ]
um milhão **milión** (m) [mɪlɪo:n]
um bilhão **miliarda** (ž) [mɪlɪarda]

6. Números ordinais

primeiro (adj)	**první**	[prvni:]
segundo (adj)	**druhý**	[druhi:]
terceiro (adj)	**třetí**	[trʃɛti:]
quarto (adj)	**čtvrtý**	[ʧtvrti:]
quinto (adj)	**pátý**	[pa:ti:]
sexto (adj)	**šestý**	[ʃɛsti:]
sétimo (adj)	**sedmý**	[sɛdmi:]
oitavo (adj)	**osmý**	[osmi:]
nono (adj)	**devátý**	[dɛva:ti:]
décimo (adj)	**desátý**	[dɛsa:ti:]

7. Números. Frações

fração (f)	**zlomek** (m)	[zlomɛk]
um meio	**polovina** (ž)	[polovɪna]
um terço	**třetina** (ž)	[trʃɛtɪna]
um quarto	**čtvrtina** (ž)	[ʧtvrtɪna]
um oitavo	**osmina** (ž)	[osmɪna]
um décimo	**desetina** (ž)	[dɛsɛtɪna]
dois terços	**dvě třetiny** (ž)	[dve trʃɛtɪnɪ]
três quartos	**tři čtvrtiny** (ž)	[trʃɪ ʧtvrtɪnɪ]

8. Números. Operações básicas

subtração (f)	**odčítání** (s)	[odʧi:ta:ni:]
subtrair (vi, vt)	**odčítat**	[odʧi:tat]
divisão (f)	**dělení** (s)	[delɛni:]
dividir (vt)	**dělit**	[delɪt]
adição (f)	**sčítání** (s)	[sʧi:ta:ni:]
somar (vt)	**sečíst**	[sɛʧi:st]
adicionar (vt)	**přidávat**	[prʃɪda:vat]
multiplicação (f)	**násobení** (s)	[na:sobɛni:]
multiplicar (vt)	**násobit**	[na:sobɪt]

9. Números. Diversos

algarismo, dígito (m)	**číslice** (ž)	[ʧi:slɪʦɛ]
número (m)	**číslo** (s)	[ʧi:slo]
numeral (m)	**číslovka** (ž)	[ʧi:slofka]
menos (m)	**minus** (m)	[mi:nus]
mais (m)	**plus** (m)	[plus]
fórmula (f)	**vzorec** (m)	[vzorɛʦ]
cálculo (m)	**vypočítávání** (s)	[vɪpoʧi:ta:va:ni:]
contar (vt)	**počítat**	[poʧi:tat]

calcular (vt)	**vypočítávat**	[vɪpotʃi:ta:vat]
comparar (vt)	**srovnávat**	[srovna:vat]
Quanto, -os, -as?	**Kolik?**	[kolɪk]
soma (f)	**součet** (m)	[soutʃɛt]
resultado (m)	**výsledek** (m)	[vi:slɛdɛk]
resto (m)	**zůstatek** (m)	[zu:statɛk]
alguns, algumas ...	**několik**	[nekolɪk]
pouco (~ tempo)	**málo**	[ma:lo]
resto (m)	**zbytek** (m)	[zbɪtɛk]
um e meio	**půl druhého**	[pu:l druhɛ:ho]
dúzia (f)	**tucet** (m)	[tutsɛt]
ao meio	**napolovic**	[napolovɪts]
em partes iguais	**stejně**	[stɛjne]
metade (f)	**polovina** (ž)	[polovɪna]
vez (f)	**krát**	[kra:t]

10. Os verbos mais importantes. Parte 1

abrir (vt)	**otvírat**	[otvi:rat]
acabar, terminar (vt)	**končit**	[kontʃɪt]
aconselhar (vt)	**radit**	[radɪt]
adivinhar (vt)	**rozluštit**	[rozluʃtɪt]
advertir (vt)	**upozorňovat**	[upozornʲovat]
ajudar (vt)	**pomáhat**	[poma:hat]
almoçar (vi)	**obědvat**	[obedvat]
alugar (~ um apartamento)	**pronajímat si**	[pronaji:mat sɪ]
amar (pessoa)	**milovat**	[mɪlovat]
ameaçar (vt)	**vyhrožovat**	[vɪhroʒovat]
anotar (escrever)	**zapisovat si**	[zapɪsovat sɪ]
apressar-se (vr)	**spěchat**	[spexat]
arrepender-se (vr)	**litovat**	[lɪtovat]
assinar (vt)	**podepisovat**	[podɛpɪsovat]
brincar (vi)	**žertovat**	[ʒertovat]
brincar, jogar (vi, vt)	**hrát**	[hra:t]
buscar (vt)	**hledat**	[hlɛdat]
caçar (vi)	**lovit**	[lovɪt]
cair (vi)	**padat**	[padat]
cavar (vt)	**rýt**	[ri:t]
chamar (~ por socorro)	**volat**	[volat]
chegar (vi)	**přijíždět**	[prʃɪji:ʒdet]
chorar (vi)	**plakat**	[plakat]
começar (vt)	**začínat**	[zatʃi:nat]
comparar (vt)	**porovnávat**	[porovna:vat]
concordar (dizer "sim")	**souhlasit**	[souhlasɪt]
confiar (vt)	**důvěřovat**	[du:verʒovat]
confundir (equivocar-se)	**plést**	[plɛ:st]

conhecer (vt)	**znát**	[zna:t]
contar (fazer contas)	**počítat**	[potʃi:tat]
contar com ...	**spoléhat na ...**	[spolɛ:hat na]
continuar (vt)	**pokračovat**	[pokratʃovat]
controlar (vt)	**kontrolovat**	[kontrolovat]
convidar (vt)	**zvát**	[zva:t]
correr (vi)	**běžet**	[beʒet]
criar (vt)	**vytvořit**	[vɪtvorʒɪt]
custar (vt)	**stát**	[sta:t]

11. Os verbos mais importantes. Parte 2

dar (vt)	**dávat**	[da:vat]
dar uma dica	**narážet**	[nara:ʒet]
decorar (enfeitar)	**zdobit**	[zdobɪt]
defender (vt)	**bránit**	[bra:nɪt]
deixar cair (vt)	**pouštět**	[pouʃtet]
descer (para baixo)	**jít dolů**	[ji:t dolu:]
desculpar-se (vr)	**omlouvat se**	[omlouvat sɛ]
dirigir (~ uma empresa)	**řídit**	[rʒi:dɪt]
discutir (notícias, etc.)	**projednávat**	[projɛdna:vat]
disparar, atirar (vi)	**střílet**	[strʃi:lɛt]
dizer (vt)	**říci**	[rʒi:tsɪ]
duvidar (vt)	**pochybovat**	[poxɪbovat]
encontrar (achar)	**nacházet**	[naxa:zɛt]
enganar (vt)	**podvádět**	[podva:det]
entender (vt)	**rozumět**	[rozumnet]
entrar (na sala, etc.)	**vcházet**	[vxa:zet]
enviar (uma carta)	**odesílat**	[odɛsi:lat]
errar (enganar-se)	**mýlit se**	[mi:lɪt sɛ]
escolher (vt)	**vybírat**	[vɪbi:rat]
esconder (vt)	**schovávat**	[sxova:vat]
escrever (vt)	**psát**	[psa:t]
esperar (aguardar)	**čekat**	[tʃɛkat]
esperar (ter esperança)	**doufat**	[doufat]
esquecer (vt)	**zapomínat**	[zapomi:nat]
estudar (vt)	**studovat**	[studovat]
exigir (vt)	**žádat**	[ʒa:dat]
existir (vi)	**existovat**	[ɛgzɪstovat]
explicar (vt)	**vysvětlovat**	[vɪsvetlovat]
falar (vi)	**mluvit**	[mluvɪt]
faltar (a la escuela, etc.)	**zameškávat**	[zameʃka:vat]
fazer (vt)	**dělat**	[delat]
ficar em silêncio	**mlčet**	[mltʃɛt]
gabar-se (vr)	**vychloubat se**	[vɪxloubat sɛ]
gostar (apreciar)	**líbit se**	[li:bɪt sɛ]
gritar (vi)	**křičet**	[krʃɪtʃɛt]

guardar (fotos, etc.)	**zachovávat**	[zaxova:vat]
informar (vt)	**informovat**	[ɪnformovat]
insistir (vi)	**trvat**	[trvat]
insultar (vt)	**urážet**	[ura:ʒet]
interessar-se (vr)	**zajímat se**	[zaji:mat sɛ]
ir (a pé)	**jít**	[ji:t]
ir nadar	**koupat se**	[koupat sɛ]
jantar (vi)	**večeřet**	[vɛʧɛrʒɛt]

12. Os verbos mais importantes. Parte 3

ler (vt)	**číst**	[ʧi:st]
libertar, liberar (vt)	**osvobozovat**	[osvobozovat]
matar (vt)	**zabíjet**	[zabi:jɛt]
mencionar (vt)	**zmiňovat se**	[zmɪnʲovat sɛ]
mostrar (vt)	**ukazovat**	[ukazovat]
mudar (modificar)	**změnit**	[zmnenɪt]
nadar (vi)	**plavat**	[plavat]
negar-se a ... (vr)	**odmítat**	[odmi:tat]
objetar (vt)	**namítat**	[nami:tat]
observar (vt)	**pozorovat**	[pozorovat]
ordenar (mil.)	**rozkazovat**	[roskazovat]
ouvir (vt)	**slyšet**	[slɪʃɛt]
pagar (vt)	**platit**	[platɪt]
parar (vi)	**zastavovat se**	[zastavovat sɛ]
parar, cessar (vt)	**zastavovat**	[zastavovat]
participar (vi)	**zúčastnit se**	[zu:ʧastnɪt sɛ]
pedir (comida, etc.)	**objednávat**	[objɛdna:vat]
pedir (um favor, etc.)	**prosit**	[prosɪt]
pegar (tomar)	**brát**	[bra:t]
pegar (uma bola)	**chytat**	[xɪtat]
pensar (vi, vt)	**myslit**	[mɪslɪt]
perceber (ver)	**všímat si**	[vʃi:mat sɪ]
perdoar (vt)	**odpouštět**	[otpouʃtet]
perguntar (vt)	**ptát se**	[pta:t sɛ]
permitir (vt)	**dovolovat**	[dovolovat]
pertencer a ... (vi)	**patřit**	[patrʃɪt]
planejar (vt)	**plánovat**	[pla:novat]
poder (~ fazer algo)	**moci**	[motsɪ]
possuir (uma casa, etc.)	**vlastnit**	[vlastnɪt]
preferir (vt)	**dávat přednost**	[da:vat prʃɛdnost]
preparar (vt)	**vařit**	[varʒɪt]
prever (vt)	**předvídat**	[prʃɛdvi:dat]
prometer (vt)	**slibovat**	[slɪbovat]
pronunciar (vt)	**vyslovovat**	[vɪslovovat]
propor (vt)	**nabízet**	[nabi:zɛt]
punir (castigar)	**trestat**	[trɛstat]

quebrar (vt)	**lámat**	[la:mat]
queixar-se de ...	**stěžovat si**	[steʒovat sɪ]
querer (desejar)	**chtít**	[xti:t]

13. Os verbos mais importantes. Parte 4

ralhar, repreender (vt)	**nadávat**	[nada:vat]
recomendar (vt)	**doporučovat**	[doporuʧovat]
repetir (dizer outra vez)	**opakovat**	[opakovat]
reservar (~ um quarto)	**rezervovat**	[rɛzɛrvovat]
responder (vt)	**odpovídat**	[otpovi:dat]
rezar, orar (vi)	**modlit se**	[modlɪt sɛ]
rir (vi)	**smát se**	[sma:t sɛ]
roubar (vt)	**krást**	[kra:st]
saber (vt)	**vědět**	[vedet]
sair (~ de casa)	**vycházet**	[vɪxa:zɛt]
salvar (resgatar)	**zachraňovat**	[zaxranʲovat]
seguir (~ alguém)	**následovat**	[na:slɛdovat]
sentar-se (vr)	**sednout si**	[sɛdnout sɪ]
ser necessário	**být potřebný**	[bi:t potrʃɛbni:]
ser, estar	**být**	[bi:t]
significar (vt)	**znamenat**	[znamɛnat]
sorrir (vi)	**usmívat se**	[usmi:vat sɛ]
subestimar (vt)	**podceňovat**	[podʦɛnʲovat]
surpreender-se (vr)	**divit se**	[dɪvɪt sɛ]
tentar (~ fazer)	**zkoušet**	[skouʃɛt]
ter (vt)	**mít**	[mi:t]
ter fome	**mít hlad**	[mi:t hlat]
ter medo	**bát se**	[ba:t sɛ]
ter sede	**mít žízeň**	[mi:t ʒi:zɛnʲ]
tocar (com as mãos)	**dotýkat se**	[doti:kat sɛ]
tomar café da manhã	**snídat**	[sni:dat]
trabalhar (vi)	**pracovat**	[praʦovat]
traduzir (vt)	**překládat**	[prʃɛkla:dat]
unir (vt)	**sjednocovat**	[sjɛdnoʦovat]
vender (vt)	**prodávat**	[proda:vat]
ver (vt)	**vidět**	[vɪdet]
virar (~ para a direita)	**zatáčet**	[zata:ʧɛt]
voar (vi)	**letět**	[lɛtet]

14. Cores

cor (f)	**barva** (ž)	[barva]
tom (m)	**odstín** (m)	[otsti:n]
tonalidade (m)	**tón** (m)	[to:n]
arco-íris (m)	**duha** (ž)	[duha]

branco (adj)	**bílý**	[bi:li:]
preto (adj)	**černý**	[tʃɛrni:]
cinza (adj)	**šedý**	[ʃɛdi:]
verde (adj)	**zelený**	[zɛlɛni:]
amarelo (adj)	**žlutý**	[ʒluti:]
vermelho (adj)	**červený**	[tʃɛrvɛni:]
azul (adj)	**modrý**	[modri:]
azul claro (adj)	**bledě modrý**	[blɛde modri:]
rosa (adj)	**růžový**	[ru:ʒovi:]
laranja (adj)	**oranžový**	[oranʒovi:]
violeta (adj)	**fialový**	[fɪalovi:]
marrom (adj)	**hnědý**	[hnedi:]
dourado (adj)	**zlatý**	[zlati:]
prateado (adj)	**stříbřitý**	[strʃi:brʒɪti:]
bege (adj)	**béžový**	[bɛ:ʒovi:]
creme (adj)	**krémový**	[krɛ:movi:]
turquesa (adj)	**tyrkysový**	[tɪrkɪsovi:]
vermelho cereja (adj)	**višňový**	[vɪʃnʲovi:]
lilás (adj)	**lila**	[lɪla]
carmim (adj)	**malinový**	[malɪnovi:]
claro (adj)	**světlý**	[svetli:]
escuro (adj)	**tmavý**	[tmavi:]
vivo (adj)	**jasný**	[jasni:]
de cor	**barevný**	[barɛvni:]
a cores	**barevný**	[barɛvni:]
preto e branco (adj)	**černobílý**	[tʃɛrnobi:li:]
unicolor (de uma só cor)	**jednobarevný**	[jɛdnobarɛvni:]
multicolor (adj)	**různobarevný**	[ru:znobarɛvni:]

15. Questões

Quem?	**Kdo?**	[gdo]
O que?	**Co?**	[tso]
Onde?	**Kde?**	[gdɛ]
Para onde?	**Kam?**	[kam]
De onde?	**Odkud?**	[otkut]
Quando?	**Kdy?**	[gdɪ]
Para quê?	**Proč?**	[protʃ]
Por quê?	**Proč?**	[protʃ]
Para quê?	**Na co?**	[na tso]
Como?	**Jak?**	[jak]
Qual (~ é o problema?)	**Jaký?**	[jaki:]
Qual (~ deles?)	**Který?**	[ktɛri:]
A quem?	**Komu?**	[komu]
De quem?	**O kom?**	[o kom]
Do quê?	**O čem?**	[o tʃɛm]

Com quem?	**S kým?**	[s ki:m]
Quanto, -os, -as?	**Kolik?**	[kolɪk]
De quem? (masc.)	**Čí?**	[tʃi:]

16. Preposições

com (prep.)	**s, se**	[s], [sɛ]
sem (prep.)	**bez**	[bɛz]
a, para (exprime lugar)	**do**	[do]
sobre (ex. falar ~)	**o**	[o]
antes de ...	**před**	[prʃɛt]
em frente de ...	**před**	[prʃɛt]
debaixo de ...	**pod**	[pot]
sobre (em cima de)	**nad**	[nat]
em ..., sobre ...	**na**	[na]
de, do (sou ~ Rio de Janeiro)	**z**	[z]
de (feito ~ pedra)	**z**	[z]
em (~ 3 dias)	**za**	[za]
por cima de ...	**přes**	[prʃɛs]

17. Palavras funcionais. Advérbios. Parte 1

Onde?	**Kde?**	[gdɛ]
aqui	**zde**	[zdɛ]
lá, ali	**tam**	[tam]
em algum lugar	**někde**	[negdɛ]
em lugar nenhum	**nikde**	[nɪgdɛ]
perto de ...	**u ...**	[u]
perto da janela	**u okna**	[u okna]
Para onde?	**Kam?**	[kam]
aqui	**sem**	[sɛm]
para lá	**tam**	[tam]
daqui	**odsud**	[otsut]
de lá, dali	**odtamtud**	[odtamtut]
perto	**blízko**	[bli:sko]
longe	**daleko**	[dalɛko]
perto de ...	**kolem**	[kolɛm]
à mão, perto	**poblíž**	[pobli:ʒ]
não fica longe	**nedaleko**	[nɛdalɛko]
esquerdo (adj)	**levý**	[lɛvi:]
à esquerda	**zleva**	[zlɛva]
para a esquerda	**vlevo**	[vlɛvo]
direito (adj)	**pravý**	[pravi:]
à direita	**zprava**	[sprava]

para a direita **vpravo** [vpravo]
em frente **zpředu** [sprʃɛdu]
da frente **přední** [prʃɛdni:]
adiante (para a frente) **vpřed** [vprʃɛt]

atrás de ... **za** [za]
de trás **zezadu** [zɛzadu]
para trás **zpět** [spet]

meio (m), metade (f) **střed** (m) [strʃɛt]
no meio **uprostřed** [uprostrʃɛt]

do lado **z boku** [z boku]
em todo lugar **všude** [vʃudɛ]
por todos os lados **kolem** [kolɛm]

de dentro **zevnitř** [zɛvnɪtrʃ]
para algum lugar **někam** [nekam]
diretamente **přímo** [prʃi:mo]
de volta **zpět** [spet]

de algum lugar **odněkud** [odnekut]
de algum lugar **odněkud** [odnekut]

em primeiro lugar **za prvé** [za prvɛ:]
em segundo lugar **za druhé** [za druhɛ:]
em terceiro lugar **za třetí** [za trʃɛti:]

de repente **najednou** [najɛdnou]
no início **zpočátku** [spoʧa:tku]
pela primeira vez **poprvé** [poprvɛ:]
muito antes de ... **dávno před ...** [da:vno prʃɛt]
de novo **znovu** [znovu]
para sempre **navždy** [navʒdɪ]

nunca **nikdy** [nɪgdɪ]
de novo **opět** [opet]
agora **nyní** [nɪni:]
frequentemente **často** [ʧasto]
então **tehdy** [tɛhdɪ]
urgentemente **neodkladně** [nɛotkladne]
normalmente **obyčejně** [obɪʧɛjne]

a propósito, ... **mimochodem** [mɪmoxodɛm]
é possível **možná** [moʒna:]
provavelmente **asi** [asɪ]
talvez **možná** [moʒna:]
além disso, ... **kromě toho ...** [kromne toho]
por isso ... **proto ...** [proto]
apesar de ... **nehledě na ...** [nɛhlɛde na]
graças a ... **díky ...** [di:kɪ]

que (pron.) **co** [ʦo]
que (conj.) **že** [ʒe]
algo **něco** [neʦo]
alguma coisa **něco** [neʦo]

nada	**nic**	[nɪʦ]
quem	**kdo**	[gdo]
alguém (~ que ...)	**někdo**	[negdo]
alguém (com ~)	**někdo**	[negdo]
ninguém	**nikdo**	[nɪgdo]
para lugar nenhum	**nikam**	[nɪkam]
de ninguém	**ničí**	[nɪʧi:]
de alguém	**něčí**	[neʧi:]
tão	**tak**	[tak]
também (gostaria ~ de ...)	**také**	[takɛ:]
também (~ eu)	**také**	[takɛ:]

18. Palavras funcionais. Advérbios. Parte 2

Por quê?	**Proč?**	[proʧ]
por alguma razão	**z nějakých důvodů**	[z nejaki:x du:vodu:]
porque ...	**protože ...**	[protoʒe]
por qualquer razão	**z nějakých důvodů**	[z nejaki:x du:vodu:]
e (tu ~ eu)	**a**	[a]
ou (ser ~ não ser)	**nebo**	[nɛbo]
mas (porém)	**ale**	[alɛ]
para (~ a minha mãe)	**pro**	[pro]
muito, demais	**příliš**	[prʃi:lɪʃ]
só, somente	**jenom**	[jɛnom]
exatamente	**přesně**	[prʃɛsne]
cerca de (~ 10 kg)	**kolem**	[kolɛm]
aproximadamente	**přibližně**	[prʃɪblɪʒne]
aproximado (adj)	**přibližný**	[prʃɪblɪʒni:]
quase	**skoro**	[skoro]
resto (m)	**zbytek** (m)	[zbɪtɛk]
cada (adj)	**každý**	[kaʒdi:]
qualquer (adj)	**každý**	[kaʒdi:]
muito, muitos, muitas	**mnoho**	[mnoho]
muitas pessoas	**mnozí**	[mnozi:]
todos	**všichni**	[vʃɪxnɪ]
em troca de ...	**výměnou za ...**	[vi:mnenou za]
em troca	**místo**	[mi:sto]
à mão	**ručně**	[ruʧne]
pouco provável	**sotva**	[sotva]
provavelmente	**asi**	[asɪ]
de propósito	**schválně**	[sxva:lne]
por acidente	**náhodou**	[na:hodou]
muito	**velmi**	[vɛlmɪ]
por exemplo	**například**	[naprʃi:klat]
entre	**mezi**	[mɛzɪ]

entre (no meio de)	**mezi**	[mɛzɪ]
tanto	**tolik**	[tolɪk]
especialmente	**zejména**	[zɛjmɛ:na]

Conceitos básicos. Parte 2

19. Dias da semana

segunda-feira (f)	**pondělí** (s)	[pondeli:]
terça-feira (f)	**úterý** (s)	[u:tɛri:]
quarta-feira (f)	**středa** (ž)	[strʃɛda]
quinta-feira (f)	**čtvrtek** (m)	[ʧtvrtɛk]
sexta-feira (f)	**pátek** (m)	[pa:tɛk]
sábado (m)	**sobota** (ž)	[sobota]
domingo (m)	**neděle** (ž)	[nɛdelɛ]
hoje	**dnes**	[dnɛs]
amanhã	**zítra**	[zi:tra]
depois de amanhã	**pozítří**	[pozi:trʃi:]
ontem	**včera**	[vʧɛra]
anteontem	**předevčírem**	[prʃɛdɛvʧi:rɛm]
dia (m)	**den** (m)	[dɛn]
dia (m) de trabalho	**pracovní den** (m)	[praʦovni: dɛn]
feriado (m)	**sváteční den** (m)	[sva:tɛʧni: dɛn]
dia (m) de folga	**volno** (s)	[volno]
fim (m) de semana	**víkend** (m)	[vi:kɛnt]
o dia todo	**celý den**	[ʦɛli: dɛn]
no dia seguinte	**příští den**	[prʃi:ʃti: dɛn]
há dois dias	**před dvěma dny**	[prʃɛd dvema dnɪ]
na véspera	**den předtím**	[dɛn prʃɛdti:m]
diário (adj)	**denní**	[dɛnni:]
todos os dias	**denně**	[dɛnne]
semana (f)	**týden** (m)	[ti:dɛn]
na semana passada	**minulý týden**	[mɪnuli: ti:dɛn]
semana que vem	**příští týden**	[prʃi:ʃti: ti:dɛn]
semanal (adj)	**týdenní**	[ti:dɛnni:]
toda semana	**týdně**	[ti:dne]
duas vezes por semana	**dvakrát týdně**	[dvakra:t ti:dne]
toda terça-feira	**každé úterý**	[kaʒdɛ: u:tɛri:]

20. Horas. Dia e noite

manhã (f)	**ráno** (s)	[ra:no]
de manhã	**ráno**	[ra:no]
meio-dia (m)	**poledne** (s)	[polɛdnɛ]
à tarde	**odpoledne**	[otpolɛdnɛ]
tardinha (f)	**večer** (m)	[vɛʧɛr]
à tardinha	**večer**	[vɛʧɛr]

noite (f)	**noc** (ž)	[nots]
à noite	**v noci**	[v notsɪ]
meia-noite (f)	**půlnoc** (ž)	[pu:lnots]
segundo (m)	**sekunda** (ž)	[sɛkunda]
minuto (m)	**minuta** (ž)	[mɪnuta]
hora (f)	**hodina** (ž)	[hodɪna]
meia hora (f)	**půlhodina** (ž)	[pu:lhodɪna]
quarto (m) de hora	**čtvrthodina** (ž)	[ʧtvrthodɪna]
quinze minutos	**patnáct minut**	[patna:tst mɪnut]
vinte e quatro horas	**den a noc**	[dɛn a nots]
nascer (m) do sol	**východ** (m) **slunce**	[vi:xod sluntsɛ]
amanhecer (m)	**úsvit** (m)	[u:svɪt]
madrugada (f)	**časné ráno** (s)	[ʧasnɛ: ra:no]
pôr-do-sol (m)	**západ** (m) **slunce**	[za:pat sluntsɛ]
de madrugada	**brzy ráno**	[brzɪ ra:no]
esta manhã	**dnes ráno**	[dnɛs ra:no]
amanhã de manhã	**zítra ráno**	[zi:tra ra:no]
esta tarde	**dnes odpoledne**	[dnɛs otpolɛdnɛ]
à tarde	**odpoledne**	[otpolɛdnɛ]
amanhã à tarde	**zítra odpoledne**	[zi:tra otpolɛdnɛ]
esta noite, hoje à noite	**dnes večer**	[dnɛs vɛʧɛr]
amanhã à noite	**zítra večer**	[zi:tra vɛʧɛr]
às três horas em ponto	**přesně ve tři hodiny**	[prʃɛsne vɛ trʃɪ hodɪnɪ]
por volta das quatro	**kolem čtyř hodin**	[kolɛm ʧtɪrʒ hodɪn]
às doze	**do dvanácti hodin**	[do dvana:tstɪ hodɪn]
em vinte minutos	**za dvacet minut**	[za dvatsɛt mɪnut]
em uma hora	**za hodinu**	[za hodɪnu]
a tempo	**včas**	[vʧas]
... um quarto para	**tři čtvrtě**	[trʃɪ ʧtvrte]
dentro de uma hora	**během hodiny**	[behɛm hodɪnɪ]
a cada quinze minutos	**každých patnáct minut**	[kaʒdi:x patna:tst mɪnut]
as vinte e quatro horas	**celodenně**	[tsɛlodɛnne]

21. Meses. Estações

janeiro (m)	**leden** (m)	[lɛdɛn]
fevereiro (m)	**únor** (m)	[u:nor]
março (m)	**březen** (m)	[brʒɛzɛn]
abril (m)	**duben** (m)	[dubɛn]
maio (m)	**květen** (m)	[kvetɛn]
junho (m)	**červen** (m)	[ʧɛrvɛn]
julho (m)	**červenec** (m)	[ʧɛrvɛnɛts]
agosto (m)	**srpen** (m)	[srpɛn]
setembro (m)	**září** (s)	[za:rʒi:]
outubro (m)	**říjen** (m)	[rʒi:jɛn]

novembro (m)	**listopad** (m)	[lɪstopat]
dezembro (m)	**prosinec** (m)	[prosɪnɛʦ]
primavera (f)	**jaro** (s)	[jaro]
na primavera	**na jaře**	[na jarʒɛ]
primaveril (adj)	**jarní**	[jarni:]
verão (m)	**léto** (s)	[lɛ:to]
no verão	**v létě**	[v lɛ:te]
de verão	**letní**	[lɛtni:]
outono (m)	**podzim** (m)	[podzɪm]
no outono	**na podzim**	[na podzɪm]
outonal (adj)	**podzimní**	[podzɪmni:]
inverno (m)	**zima** (ž)	[zɪma]
no inverno	**v zimě**	[v zɪmne]
de inverno	**zimní**	[zɪmni:]
mês (m)	**měsíc** (m)	[mnesi:ʦ]
este mês	**tento měsíc**	[tɛnto mnesi:ʦ]
mês que vem	**příští měsíc**	[prʃi:ʃti: mnesi:ʦ]
no mês passado	**minulý měsíc**	[mɪnuli: mnesi:ʦ]
um mês atrás	**před měsícem**	[prʃɛd mnesi:ʦɛm]
em um mês	**za měsíc**	[za mnesi:ʦ]
em dois meses	**za dva měsíce**	[za dva mnesi:ʦɛ]
todo o mês	**celý měsíc**	[ʦɛli: mnesi:ʦ]
um mês inteiro	**celý měsíc**	[ʦɛli: mnesi:ʦ]
mensal (adj)	**měsíční**	[mnesi:ʧni:]
mensalmente	**každý měsíc**	[kaʒdi: mnesi:ʦ]
todo mês	**měsíčně**	[mnesi:ʧne]
duas vezes por mês	**dvakrát měsíčně**	[dvakra:t mnesi:ʧne]
ano (m)	**rok** (m)	[rok]
este ano	**letos**	[lɛtos]
ano que vem	**příští rok**	[prʃi:ʃti: rok]
no ano passado	**vloni**	[vlonɪ]
há um ano	**před rokem**	[prʃɛd rokɛm]
em um ano	**za rok**	[za rok]
dentro de dois anos	**za dva roky**	[za dva rokɪ]
todo o ano	**celý rok**	[ʦɛli: rok]
um ano inteiro	**celý rok**	[ʦɛli: rok]
cada ano	**každý rok**	[kaʒdi: rok]
anual (adj)	**každoroční**	[kaʒdoroʧni:]
anualmente	**každoročně**	[kaʒdoroʧne]
quatro vezes por ano	**čtyřikrát za rok**	[ʧtɪrʒɪkra:t za rok]
data (~ de hoje)	**datum** (s)	[datum]
data (ex. ~ de nascimento)	**datum** (s)	[datum]
calendário (m)	**kalendář** (m)	[kalɛnda:rʃ]
meio ano	**půl roku**	[pu:l roku]
seis meses	**půlrok** (m)	[pu:lrok]

estação (f) | **období** (s) | [obdobi:]
século (m) | **století** (s) | [stolɛti:]

22. Unidades de medida

peso (m) | **váha** (ž) | [va:ha]
comprimento (m) | **délka** (ž) | [dɛ:lka]
largura (f) | **šířka** (ž) | [ʃi:rʃka]
altura (f) | **výška** (ž) | [vi:ʃka]
profundidade (f) | **hloubka** (ž) | [hloupka]
volume (m) | **objem** (m) | [objɛm]
área (f) | **plocha** (ž) | [ploxa]

grama (m) | **gram** (m) | [gram]
miligrama (m) | **miligram** (m) | [mɪlɪgram]
quilograma (m) | **kilogram** (m) | [kɪlogram]
tonelada (f) | **tuna** (ž) | [tuna]
libra (453,6 gramas) | **libra** (ž) | [lɪbra]
onça (f) | **unce** (ž) | [unʦɛ]

metro (m) | **metr** (m) | [mɛtr]
milímetro (m) | **milimetr** (m) | [mɪlɪmɛtr]
centímetro (m) | **centimetr** (m) | [ʦɛntɪmɛtr]
quilômetro (m) | **kilometr** (m) | [kɪlomɛtr]
milha (f) | **míle** (ž) | [mi:lɛ]

polegada (f) | **coul** (m) | [ʦoul]
pé (304,74 mm) | **stopa** (ž) | [stopa]
jarda (914,383 mm) | **yard** (m) | [jart]

metro (m) quadrado | **čtvereční metr** (m) | [ʧtvɛrɛʧni: mɛtr]
hectare (m) | **hektar** (m) | [hɛktar]

litro (m) | **litr** (m) | [lɪtr]
grau (m) | **stupeň** (m) | [stupɛnʲ]
volt (m) | **volt** (m) | [volt]
ampère (m) | **ampér** (m) | [ampɛ:r]
cavalo (m) de potência | **koňská síla** (ž) | [konʲska: si:la]

quantidade (f) | **množství** (s) | [mnoʒstvi:]
um pouco de ... | **trochu ...** | [troxu]
metade (f) | **polovina** (ž) | [polovɪna]

dúzia (f) | **tucet** (m) | [tuʦɛt]
peça (f) | **kus** (m) | [kus]

tamanho (m), dimensão (f) | **rozměr** (m) | [rozmner]
escala (f) | **měřítko** (s) | [mnerʒi:tko]

mínimo (adj) | **minimální** | [mɪnɪma:lni:]
menor, mais pequeno | **nejmenší** | [nɛjmɛnʃi:]
médio (adj) | **střední** | [strʃɛdni:]
máximo (adj) | **maximální** | [maksɪma:lni:]
maior, mais grande | **největší** | [nɛjvetʃi:]

23. Recipientes

pote (m) de vidro	**sklenice** (ž)	[sklɛnɪʦɛ]
lata (~ de cerveja)	**plechovka** (ž)	[plɛxofka]
balde (m)	**vědro** (s)	[vedro]
barril (m)	**sud** (m)	[sut]
bacia (~ de plástico)	**mísa** (ž)	[mi:sa]
tanque (m)	**nádrž** (ž)	[na:drʃ]
cantil (m) de bolso	**plochá láhev** (ž)	[ploxa: la:gɛf]
galão (m) de gasolina	**kanystr** (m)	[kanɪstr]
cisterna (f)	**cisterna** (ž)	[ʦɪstɛrna]
caneca (f)	**hrníček** (m)	[hrni:ʧɛk]
xícara (f)	**šálek** (m)	[ʃa:lɛk]
pires (m)	**talířek** (m)	[tali:rʒɛk]
copo (m)	**sklenice** (ž)	[sklɛnɪʦɛ]
taça (f) de vinho	**sklenka** (ž)	[sklɛŋka]
panela (f)	**hrnec** (m)	[hrnɛʦ]
garrafa (f)	**láhev** (ž)	[la:hɛf]
gargalo (m)	**hrdlo** (s)	[hrdlo]
jarra (f)	**karafa** (ž)	[karafa]
jarro (m)	**džbán** (m)	[ʤba:n]
recipiente (m)	**nádoba** (ž)	[na:doba]
pote (m)	**hrnec** (m)	[hrnɛʦ]
vaso (m)	**váza** (ž)	[va:za]
frasco (~ de perfume)	**flakón** (m)	[flako:n]
frasquinho (m)	**lahvička** (ž)	[lahvɪʧka]
tubo (m)	**tuba** (ž)	[tuba]
saco (ex. ~ de açúcar)	**pytel** (m)	[pɪtɛl]
sacola (~ plastica)	**sáček** (m)	[sa:ʧɛk]
maço (de cigarros, etc.)	**balíček** (m)	[bali:ʧɛk]
caixa (~ de sapatos, etc.)	**krabice** (ž)	[krabɪʦɛ]
caixote (~ de madeira)	**schránka** (ž)	[sxra:ŋka]
cesto (m)	**koš** (m)	[koʃ]

O SER HUMANO

O ser humano. O corpo

24. Cabeça

cabeça (f)	**hlava** (ž)	[hlava]
rosto, cara (f)	**obličej** (ž)	[oblɪʧɛj]
nariz (m)	**nos** (m)	[nos]
boca (f)	**ústa** (s mn)	[u:sta]
olho (m)	**oko** (s)	[oko]
olhos (m pl)	**oči** (s mn)	[oʧɪ]
pupila (f)	**zornice** (ž)	[zornɪʦɛ]
sobrancelha (f)	**obočí** (s)	[oboʧi:]
cílio (f)	**řasa** (ž)	[rʒasa]
pálpebra (f)	**víčko** (s)	[vi:ʧko]
língua (f)	**jazyk** (m)	[jazɪk]
dente (m)	**zub** (m)	[zup]
lábios (m pl)	**rty** (m mn)	[rtɪ]
maçãs (f pl) do rosto	**lícní kosti** (ž mn)	[li:ʦni: kostɪ]
gengiva (f)	**dáseň** (ž)	[da:sɛnʲ]
palato (m)	**patro** (s)	[patro]
narinas (f pl)	**chřípí** (s)	[xrʃi:pi:]
queixo (m)	**brada** (ž)	[brada]
mandíbula (f)	**čelist** (ž)	[ʧɛlɪst]
bochecha (f)	**tvář** (ž)	[tva:rʃ]
testa (f)	**čelo** (s)	[ʧɛlo]
têmpora (f)	**spánek** (s)	[spa:nɛk]
orelha (f)	**ucho** (s)	[uxo]
costas (f pl) da cabeça	**týl** (m)	[ti:l]
pescoço (m)	**krk** (m)	[krk]
garganta (f)	**hrdlo** (s)	[hrdlo]
cabelo (m)	**vlasy** (m mn)	[vlasɪ]
penteado (m)	**účes** (m)	[u:ʧɛs]
corte (m) de cabelo	**střih** (m)	[strʃɪx]
peruca (f)	**paruka** (ž)	[paruka]
bigode (m)	**vousy** (m mn)	[vousɪ]
barba (f)	**plnovous** (m)	[plnovous]
ter (~ barba, etc.)	**nosit**	[nosɪt]
trança (f)	**cop** (m)	[ʦop]
suíças (f pl)	**licousy** (m mn)	[lɪʦousɪ]
ruivo (adj)	**zrzavý**	[zrzavi:]
grisalho (adj)	**šedivý**	[ʃɛdɪvi:]

careca (adj)	**lysý**	[lɪsiː]
calva (f)	**lysina** (ž)	[lɪsɪna]
rabo-de-cavalo (m)	**ocas** (m)	[ot͡sas]
franja (f)	**ofina** (ž)	[ofɪna]

25. Corpo humano

mão (f)	**ruka** (ž)	[ruka]
braço (m)	**ruka** (ž)	[ruka]
dedo (m)	**prst** (m)	[prst]
polegar (m)	**palec** (m)	[palɛt͡s]
dedo (m) mindinho	**malíček** (m)	[maliːt͡ʃɛk]
unha (f)	**nehet** (m)	[nɛhɛt]
punho (m)	**pěst** (ž)	[pest]
palma (f)	**dlaň** (ž)	[dlanʲ]
pulso (m)	**zápěstí** (s)	[zaːpɛstiː]
antebraço (m)	**předloktí** (s)	[prʃɛdloktiː]
cotovelo (m)	**loket** (m)	[lokɛt]
ombro (m)	**rameno** (s)	[ramɛno]
perna (f)	**noha** (ž)	[noha]
pé (m)	**chodidlo** (s)	[xodɪdlo]
joelho (m)	**koleno** (s)	[kolɛno]
panturrilha (f)	**lýtko** (s)	[liːtko]
quadril (m)	**stehno** (s)	[stɛhno]
calcanhar (m)	**pata** (ž)	[pata]
corpo (m)	**tělo** (s)	[telo]
barriga (f), ventre (m)	**břicho** (s)	[brʒɪxo]
peito (m)	**prsa** (s mn)	[prsa]
seio (m)	**prs** (m)	[prs]
lado (m)	**bok** (m)	[bok]
costas (dorso)	**záda** (s mn)	[zaːda]
região (f) lombar	**kříž** (m)	[krʃiːʃ]
cintura (f)	**pás** (m)	[paːs]
umbigo (m)	**pupek** (m)	[pupɛk]
nádegas (f pl)	**hýždě** (ž mn)	[hiːʒde]
traseiro (m)	**zadek** (m)	[zadɛk]
sinal (m), pinta (f)	**mateřské znaménko** (s)	[matɛrʃskɛː znamɛːŋko]
tatuagem (f)	**tetování** (s)	[tɛtovaːniː]
cicatriz (f)	**jizva** (ž)	[jɪzva]

Vestuário & Acessórios

26. Roupa exterior. Casacos

roupa (f)	**oblečení** (s)	[oblɛʧɛni:]
roupa (f) exterior	**svrchní oděv** (m)	[svrxni: odef]
roupa (f) de inverno	**zimní oděv** (m)	[zɪmni: odef]
sobretudo (m)	**kabát** (m)	[kaba:t]
casaco (m) de pele	**kožich** (m)	[koʒɪx]
jaqueta (f) de pele	**krátký kožich** (m)	[kra:tki: koʒɪx]
casaco (m) acolchoado	**peřová bunda** (ž)	[pɛrʒova: bunda]
casaco (m), jaqueta (f)	**bunda** (ž)	[bunda]
impermeável (m)	**plášť** (m)	[pla:ʃtʲ]
a prova d'água	**nepromokavý**	[nɛpromokavi:]

27. Vestuário de homem & mulher

camisa (f)	**košile** (ž)	[koʃɪlɛ]
calça (f)	**kalhoty** (ž mn)	[kalhotɪ]
jeans (m)	**džínsy** (m mn)	[ʤi:nsɪ]
paletó, terno (m)	**sako** (s)	[sako]
terno (m)	**pánský oblek** (m)	[pa:nski: oblɛk]
vestido (ex. ~ de noiva)	**šaty** (m mn)	[ʃatɪ]
saia (f)	**sukně** (ž)	[sukne]
blusa (f)	**blůzka** (ž)	[blu:ska]
casaco (m) de malha	**svetr** (m)	[svɛtr]
casaco, blazer (m)	**žaket** (m)	[ʒakɛt]
camiseta (f)	**tričko** (s)	[trɪʧko]
short (m)	**šortky** (ž mn)	[ʃortkɪ]
training (m)	**tepláková souprava** (ž)	[tɛpla:kova: souprava]
roupão (m) de banho	**župan** (m)	[ʒupan]
pijama (m)	**pyžamo** (s)	[piʒamo]
suéter (m)	**svetr** (m)	[svɛtr]
pulôver (m)	**pulovr** (m)	[pulovr]
colete (m)	**vesta** (ž)	[vɛsta]
fraque (m)	**frak** (m)	[frak]
smoking (m)	**smoking** (m)	[smokɪŋk]
uniforme (m)	**uniforma** (ž)	[unɪforma]
roupa (f) de trabalho	**pracovní oděv** (m)	[praʦovni: odef]
macacão (m)	**kombinéza** (ž)	[kombɪnɛ:za]
jaleco (m), bata (f)	**plášť** (m)	[pla:ʃtʲ]

28. Vestuário. Roupa interior

roupa (f) íntima	**spodní prádlo** (s)	[spodni: pra:dlo]
camiseta (f)	**tílko** (s)	[tilko]
meias (f pl)	**ponožky** (ž mn)	[ponoʃkɪ]
camisola (f)	**noční košile** (ž)	[notʃni: koʃɪlɛ]
sutiã (m)	**podprsenka** (ž)	[potprsɛŋka]
meias longas (f pl)	**podkolenky** (ž mn)	[potkolɛŋkɪ]
meias-calças (f pl)	**punčochové kalhoty** (ž mn)	[puntʃoxovɛ: kalgotɪ]
meias (~ de nylon)	**punčochy** (ž mn)	[puntʃoxɪ]
maiô (m)	**plavky** (ž mn)	[plafkɪ]

29. Adereços de cabeça

chapéu (m), touca (f)	**čepice** (ž)	[tʃɛpɪtsɛ]
chapéu (m) de feltro	**klobouk** (m)	[klobouk]
boné (m) de beisebol	**kšiltovka** (ž)	[kʃɪltofka]
boina (~ italiana)	**čepice** (ž)	[tʃɛpɪtsɛ]
boina (ex. ~ basca)	**baret** (m)	[barɛt]
capuz (m)	**kapuce** (ž)	[kaputsɛ]
chapéu panamá (m)	**panamský klobouk** (m)	[panamski: klobouk]
touca (f)	**pletená čepice** (ž)	[plɛtɛna: tʃɛpɪtsɛ]
lenço (m)	**šátek** (m)	[ʃa:tɛk]
chapéu (m) feminino	**klobouček** (m)	[kloboutʃɛk]
capacete (m) de proteção	**přilba** (ž)	[prʃɪlba]
bibico (m)	**lodička** (ž)	[lodɪtʃka]
capacete (m)	**helma** (ž)	[hɛlma]
chapéu-coco (m)	**tvrďák** (m)	[tvrdʲa:k]
cartola (f)	**válec** (m)	[va:lɛts]

30. Calçado

calçado (m)	**obuv** (ž)	[obuf]
botinas (f pl), sapatos (m pl)	**boty** (ž mn)	[botɪ]
sapatos (de salto alto, etc.)	**střevíce** (m mn)	[strʃɛvi:tsɛ]
botas (f pl)	**holínky** (ž mn)	[holi:ŋkɪ]
pantufas (f pl)	**bačkory** (ž mn)	[batʃkorɪ]
tênis (~ Nike, etc.)	**tenisky** (ž mn)	[tɛnɪskɪ]
tênis (~ Converse)	**kecky** (ž mn)	[kɛtskɪ]
sandálias (f pl)	**sandály** (m mn)	[sanda:lɪ]
sapateiro (m)	**obuvník** (m)	[obuvni:k]
salto (m)	**podpatek** (m)	[potpatɛk]
par (m)	**pár** (m)	[pa:r]
cadarço (m)	**tkanička** (ž)	[tkanɪtʃka]

amarrar os cadarços	**šněrovat**	[ʃnerovat]
calçadeira (f)	**lžíce** (ž) **na boty**	[lʒi:tsɛ na botɪ]
graxa (f) para calçado	**krém** (m) **na boty**	[krɛ:m na botɪ]

31. Acessórios pessoais

luva (f)	**rukavice** (ž mn)	[rukavɪtsɛ]
mitenes (f pl)	**palčáky** (m mn)	[paltʃa:kɪ]
cachecol (m)	**šála** (ž)	[ʃa:la]
óculos (m pl)	**brýle** (ž mn)	[bri:lɛ]
armação (f)	**obroučky** (m mn)	[obroutʃkɪ]
guarda-chuva (m)	**deštník** (m)	[dɛʃtni:k]
bengala (f)	**hůl** (ž)	[hu:l]
escova (f) para o cabelo	**kartáč** (m) **na vlasy**	[karta:tʃ na vlasɪ]
leque (m)	**vějíř** (m)	[veji:rʃ]
gravata (f)	**kravata** (ž)	[kravata]
gravata-borboleta (f)	**motýlek** (m)	[moti:lɛk]
suspensórios (m pl)	**šle** (ž mn)	[ʃlɛ]
lenço (m)	**kapesník** (m)	[kapesni:k]
pente (m)	**hřeben** (m)	[hrʒɛbɛn]
fivela (f) para cabelo	**sponka** (ž)	[spoŋka]
grampo (m)	**vlásnička** (ž)	[vla:snɪtʃka]
fivela (f)	**spona** (ž)	[spona]
cinto (m)	**pás** (m)	[pa:s]
alça (f) de ombro	**řemen** (m)	[rʒɛmɛn]
bolsa (f)	**taška** (ž)	[taʃka]
bolsa (feminina)	**kabelka** (ž)	[kabɛlka]
mochila (f)	**batoh** (m)	[batox]

32. Vestuário. Diversos

moda (f)	**móda** (ž)	[mo:da]
na moda (adj)	**módní**	[mo:dni:]
estilista (m)	**modelář** (m)	[modɛla:rʃ]
colarinho (m)	**límec** (m)	[li:mɛts]
bolso (m)	**kapsa** (ž)	[kapsa]
de bolso	**kapesní**	[kapɛsni:]
manga (f)	**rukáv** (m)	[ruka:f]
ganchinho (m)	**poutko** (s)	[poutko]
bragueta (f)	**poklopec** (m)	[poklopɛts]
zíper (m)	**zip** (m)	[zɪp]
colchete (m)	**spona** (ž)	[spona]
botão (m)	**knoflík** (m)	[knofli:k]
botoeira (casa de botão)	**knoflíková dírka** (ž)	[knofli:kova: di:rka]
soltar-se (vr)	**utrhnout se**	[utrhnout sɛ]

costurar (vi)	**šít**	[ʃi:t]
bordar (vt)	**vyšívat**	[vɪʃi:vat]
bordado (m)	**výšivka** (ž)	[vi:ʃɪfka]
agulha (f)	**jehla** (ž)	[jɛhla]
fio, linha (f)	**nit** (ž)	[nɪt]
costura (f)	**šev** (m)	[ʃɛf]
sujar-se (vr)	**ušpinit se**	[uʃpɪnɪt sɛ]
mancha (f)	**skvrna** (ž)	[skvrna]
amarrotar-se (vr)	**pomačkat se**	[pomaʧkat sɛ]
rasgar (vt)	**roztrhat**	[roztrhat]
traça (f)	**mol** (m)	[mol]

33. Cuidados pessoais. Cosméticos

pasta (f) de dente	**zubní pasta** (ž)	[zubni: pasta]
escova (f) de dente	**kartáček** (m) **na zuby**	[karta:ʧɛk na zubɪ]
escovar os dentes	**čistit si zuby**	[ʧɪstɪt sɪ zubɪ]
gilete (f)	**holicí strojek** (m)	[holɪʦi: strojɛk]
creme (m) de barbear	**krém** (m) **na holení**	[krɛ:m na holɛni:]
barbear-se (vr)	**holit se**	[holɪt sɛ]
sabonete (m)	**mýdlo** (s)	[mi:dlo]
xampu (m)	**šampon** (m)	[ʃampon]
tesoura (f)	**nůžky** (ž mn)	[nu:ʃkɪ]
lixa (f) de unhas	**pilník** (m) **na nehty**	[pɪlni:k na nɛxtɪ]
corta-unhas (m)	**kleštičky** (ž mn) **na nehty**	[klɛʃtɪʧkɪ na nɛxtɪ]
pinça (f)	**pinzeta** (ž)	[pɪnzeta]
cosméticos (m pl)	**kosmetika** (ž)	[kosmɛtɪka]
máscara (f)	**kosmetická maska** (ž)	[kosmɛtɪʦka: maska]
manicure (f)	**manikúra** (ž)	[manɪku:ra]
fazer as unhas	**dělat manikúru**	[delat manɪku:ru]
pedicure (f)	**pedikúra** (ž)	[pɛdɪku:ra]
bolsa (f) de maquiagem	**kosmetická kabelka** (ž)	[kosmɛtɪʦka: kabɛlka]
pó (de arroz)	**pudr** (m)	[pudr]
pó (m) compacto	**pudřenka** (ž)	[pudrʒɛŋka]
blush (m)	**červené líčidlo** (s)	[ʧɛrvɛnɛ: li:ʧɪdlo]
perfume (m)	**voňavka** (ž)	[vonʲafka]
água-de-colônia (f)	**toaletní voda** (ž)	[toalɛtni: voda]
loção (f)	**pleťová voda** (ž)	[plɛtʲova: voda]
colônia (f)	**kolínská voda** (ž)	[koli:nska: voda]
sombra (f) de olhos	**oční stíny** (m mn)	[oʧni: sti:nɪ]
delineador (m)	**tužka** (ž) **na oči**	[tuʃka na oʧɪ]
máscara (f), rímel (m)	**řasenka** (ž)	[rʒasɛŋka]
batom (m)	**rtěnka** (ž)	[rteŋka]
esmalte (m)	**lak** (m) **na nehty**	[lak na nɛxtɪ]
laquê (m), spray fixador (m)	**lak** (m) **na vlasy**	[lak na vlasɪ]

desodorante (m)	**deodorant** (m)	[dɛodorant]
creme (m)	**krém** (m)	[krɛ:m]
creme (m) de rosto	**pleťový krém** (m)	[plɛtʲovi: krɛ:m]
creme (m) de mãos	**krém** (m) **na ruce**	[krɛ:m na ruʦɛ]
creme (m) antirrugas	**krém** (m) **proti vráskám**	[krɛ:m protɪ vra:ska:m]
de dia	**denní**	[dɛnni:]
da noite	**noční**	[noʧni:]
absorvente (m) interno	**tampón** (m)	[tampo:n]
papel (m) higiênico	**toaletní papír** (m)	[toalɛtni: papi:r]
secador (m) de cabelo	**fén** (m)	[fɛ:n]

34. Relógios de pulso. Relógios

relógio (m) de pulso	**hodinky** (ž mn)	[hodɪŋkɪ]
mostrador (m)	**ciferník** (m)	[ʦɪfɛrni:k]
ponteiro (m)	**ručička** (ž)	[ruʧɪʧka]
bracelete (em aço)	**náramek** (m)	[na:ramɛk]
bracelete (em couro)	**pásek** (m)	[pa:sɛk]
pilha (f)	**baterka** (ž)	[batɛrka]
acabar (vi)	**vybít se**	[vɪbi:t sɛ]
trocar a pilha	**vyměnit baterku**	[vɪmnenɪt batɛrku]
estar adiantado	**jít napřed**	[ji:t naprʃɛt]
estar atrasado	**opožďovat se**	[opoʒdʲovat sɛ]
relógio (m) de parede	**nástěnné hodiny** (ž mn)	[na:stennɛ: hodɪnɪ]
ampulheta (f)	**přesýpací hodiny** (ž mn)	[prʃɛsi:paʦi: hodɪnɪ]
relógio (m) de sol	**sluneční hodiny** (ž mn)	[slunɛʧni: hodɪnɪ]
despertador (m)	**budík** (m)	[budi:k]
relojoeiro (m)	**hodinář** (m)	[hodɪna:rʃ]
reparar (vt)	**opravovat**	[opravovat]

Alimentação. Nutrição

35. Comida

carne (f)	**maso** (s)	[maso]
galinha (f)	**slepice** (ž)	[slɛpɪʦɛ]
frango (m)	**kuře** (s)	[kurʒɛ]
pato (m)	**kachna** (ž)	[kaxna]
ganso (m)	**husa** (ž)	[husa]
caça (f)	**zvěřina** (ž)	[zverʒɪna]
peru (m)	**krůta** (ž)	[kru:ta]
carne (f) de porco	**vepřové** (s)	[vɛprʃovɛ:]
carne (f) de vitela	**telecí** (s)	[tɛlɛʦi:]
carne (f) de carneiro	**skopové** (s)	[skopovɛ:]
carne (f) de vaca	**hovězí** (s)	[hovezi:]
carne (f) de coelho	**králík** (m)	[kra:li:k]
linguiça (f), salsichão (m)	**salám** (m)	[sala:m]
salsicha (f)	**párek** (m)	[pa:rɛk]
bacon (m)	**slanina** (ž)	[slanɪna]
presunto (m)	**šunka** (ž)	[ʃuŋka]
pernil (m) de porco	**kýta** (ž)	[ki:ta]
patê (m)	**paštika** (ž)	[paʃtɪka]
fígado (m)	**játra** (s mn)	[ja:tra]
guisado (m)	**mleté maso** (s)	[mlɛtɛ: maso]
língua (f)	**jazyk** (m)	[jazɪk]
ovo (m)	**vejce** (s)	[vɛjʦɛ]
ovos (m pl)	**vejce** (s mn)	[vɛjʦɛ]
clara (f) de ovo	**bílek** (m)	[bi:lɛk]
gema (f) de ovo	**žloutek** (m)	[ʒloutɛk]
peixe (m)	**ryby** (ž mn)	[rɪbɪ]
mariscos (m pl)	**mořské plody** (m mn)	[morʃskɛ: plodɪ]
caviar (m)	**kaviár** (m)	[kavɪa:r]
caranguejo (m)	**krab** (m)	[krap]
camarão (m)	**kreveta** (ž)	[krɛvɛta]
ostra (f)	**ústřice** (ž)	[u:strʃɪʦɛ]
lagosta (f)	**langusta** (ž)	[langusta]
polvo (m)	**chobotnice** (ž)	[xobotnɪʦɛ]
lula (f)	**sépie** (ž)	[sɛ:pɪe]
esturjão (m)	**jeseter** (m)	[jɛsɛtɛr]
salmão (m)	**losos** (m)	[losos]
halibute (m)	**platýs** (m)	[plati:s]
bacalhau (m)	**treska** (ž)	[trɛska]
cavala, sarda (f)	**makrela** (ž)	[makrɛla]

atum (m)	**tuňák** (m)	[tunʲa:k]
enguia (f)	**úhoř** (m)	[u:horʃ]
truta (f)	**pstruh** (m)	[pstrux]
sardinha (f)	**sardinka** (ž)	[sardɪŋka]
lúcio (m)	**štika** (ž)	[ʃtɪka]
arenque (m)	**sleď** (ž)	[slɛtʲ]
pão (m)	**chléb** (m)	[xlɛ:p]
queijo (m)	**sýr** (m)	[si:r]
açúcar (m)	**cukr** (m)	[ʦukr]
sal (m)	**sůl** (ž)	[su:l]
arroz (m)	**rýže** (ž)	[ri:ʒe]
massas (f pl)	**makaróny** (m mn)	[makaro:nɪ]
talharim, miojo (m)	**nudle** (ž mn)	[nudlɛ]
manteiga (f)	**máslo** (s)	[ma:slo]
óleo (m) vegetal	**olej** (m)	[olɛj]
óleo (m) de girassol	**slunečnicový olej** (m)	[slunɛʧnɪʦovi: olɛj]
margarina (f)	**margarín** (m)	[margari:n]
azeitonas (f pl)	**olivy** (ž)	[olɪvɪ]
azeite (m)	**olivový olej** (m)	[olɪvovi: olɛj]
leite (m)	**mléko** (s)	[mlɛ:ko]
leite (m) condensado	**kondenzované mléko** (s)	[kondɛnzovanɛ: mlɛ:ko]
iogurte (m)	**jogurt** (m)	[jogurt]
creme (m) azedo	**kyselá smetana** (ž)	[kɪsɛla: smɛtana]
creme (m) de leite	**sladká smetana** (ž)	[slatka: smɛtana]
maionese (f)	**majonéza** (ž)	[majonɛ:za]
creme (m)	**krém** (m)	[krɛ:m]
grãos (m pl) de cereais	**kroupy** (ž mn)	[kroupɪ]
farinha (f)	**mouka** (ž)	[mouka]
enlatados (m pl)	**konzerva** (ž)	[konzɛrva]
flocos (m pl) de milho	**kukuřičné vločky** (ž mn)	[kukurʒɪʧnɛ: vloʧkɪ]
mel (m)	**med** (m)	[mɛt]
geleia (m)	**džem** (m)	[ʤem]
chiclete (m)	**žvýkačka** (ž)	[ʒvi:kaʧka]

36. Bebidas

água (f)	**voda** (ž)	[voda]
água (f) potável	**pitná voda** (ž)	[pɪtna: voda]
água (f) mineral	**minerální voda** (ž)	[mɪnɛra:lni: voda]
sem gás (adj)	**neperlivý**	[nɛpɛrlɪvi:]
gaseificada (adj)	**perlivý**	[pɛrlɪvi:]
com gás	**perlivý**	[pɛrlɪvi:]
gelo (m)	**led** (m)	[lɛt]
com gelo	**s ledem**	[s lɛdɛm]

não alcoólico (adj)	**nealkoholický**	[nɛalkoholɪtski:]
refrigerante (m)	**nealkoholický nápoj** (m)	[nɛalkoholɪtski: na:poj]
refresco (m)	**osvěžující nápoj** (m)	[osveʒuji:tsi: na:poj]
limonada (f)	**limonáda** (ž)	[lɪmona:da]
bebidas (f pl) alcoólicas	**alkoholické nápoje** (m mn)	[alkoholɪtskɛ: na:pojɛ]
vinho (m)	**víno** (s)	[vi:no]
vinho (m) branco	**bílé víno** (s)	[bi:lɛ: vi:no]
vinho (m) tinto	**červené víno** (s)	[ʧɛrvɛnɛ: vi:no]
licor (m)	**likér** (m)	[lɪkɛ:r]
champanhe (m)	**šampaňské** (s)	[ʃampanʲskɛ:]
vermute (m)	**vermut** (m)	[vɛrmut]
uísque (m)	**whisky** (ž)	[vɪskɪ]
vodca (f)	**vodka** (ž)	[votka]
gim (m)	**džin** (m)	[ʤɪn]
conhaque (m)	**koňak** (m)	[konʲak]
rum (m)	**rum** (m)	[rum]
café (m)	**káva** (ž)	[ka:va]
café (m) preto	**černá káva** (ž)	[ʧɛrna: ka:va]
café (m) com leite	**bílá káva** (ž)	[bi:la: ka:va]
cappuccino (m)	**kapučíno** (s)	[kapuʧi:no]
café (m) solúvel	**rozpustná káva** (ž)	[rozpustna: ka:va]
leite (m)	**mléko** (s)	[mlɛ:ko]
coquetel (m)	**koktail** (m)	[koktajl]
batida (f), milkshake (m)	**mléčný koktail** (m)	[mlɛʧni: koktajl]
suco (m)	**šťáva** (ž), **džus** (m)	[ʃtʲa:va], [ʤus]
suco (m) de tomate	**rajčatová šťáva** (ž)	[rajʧatova: ʃtʲa:va]
suco (m) de laranja	**pomerančový džus** (m)	[pomɛranʧovi: ʤus]
suco (m) fresco	**vymačkaná šťáva** (ž)	[vɪmaʧkana: ʃtʲa:va]
cerveja (f)	**pivo** (s)	[pɪvo]
cerveja (f) clara	**světlé pivo** (s)	[svetlɛ: pɪvo]
cerveja (f) preta	**tmavé pivo** (s)	[tmavɛ: pɪvo]
chá (m)	**čaj** (m)	[ʧaj]
chá (m) preto	**černý čaj** (m)	[ʧɛrni: ʧaj]
chá (m) verde	**zelený čaj** (m)	[zɛlɛni: ʧaj]

37. Vegetais

vegetais (m pl)	**zelenina** (ž)	[zɛlɛnɪna]
verdura (f)	**zelenina** (ž)	[zɛlɛnɪna]
tomate (m)	**rajské jablíčko** (s)	[rajskɛ: jabli:ʧko]
pepino (m)	**okurka** (ž)	[okurka]
cenoura (f)	**mrkev** (ž)	[mrkɛf]
batata (f)	**brambory** (ž mn)	[bramborɪ]
cebola (f)	**cibule** (ž)	[tsɪbulɛ]
alho (m)	**česnek** (m)	[ʧɛsnɛk]

couve (f)	**zelí** (s)	[zɛli:]
couve-flor (f)	**květák** (m)	[kveta:k]
couve-de-bruxelas (f)	**růžičková kapusta** (ž)	[ru:ʒɪʧkova: kapusta]
brócolis (m pl)	**brokolice** (ž)	[brokolɪʦɛ]
beterraba (f)	**červená řepa** (ž)	[ʧɛrvena: rʒɛpa]
berinjela (f)	**lilek** (m)	[lɪlɛk]
abobrinha (f)	**cukina, cuketa** (ž)	[ʦukɪna], [ʦuketa]
abóbora (f)	**tykev** (ž)	[tɪkɛf]
nabo (m)	**vodní řepa** (ž)	[vodni: rʒɛpa]
salsa (f)	**petržel** (ž)	[pɛtrʒel]
endro, aneto (m)	**kopr** (m)	[kopr]
alface (f)	**salát** (m)	[sala:t]
aipo (m)	**celer** (m)	[ʦɛlɛr]
aspargo (m)	**chřest** (m)	[xrʃɛst]
espinafre (m)	**špenát** (m)	[ʃpɛna:t]
ervilha (f)	**hrách** (m)	[hra:x]
feijão (~ soja, etc.)	**boby** (m mn)	[bobɪ]
milho (m)	**kukuřice** (ž)	[kukurʒɪʦɛ]
feijão (m) roxo	**fazole** (ž)	[fazolɛ]
pimentão (m)	**pepř** (m)	[pɛprʃ]
rabanete (m)	**ředkvička** (ž)	[rʒɛtkvɪʧka]
alcachofra (f)	**artyčok** (m)	[artɪʧok]

38. Frutos. Nozes

fruta (f)	**ovoce** (s)	[ovoʦɛ]
maçã (f)	**jablko** (s)	[jablko]
pera (f)	**hruška** (ž)	[hruʃka]
limão (m)	**citrón** (m)	[ʦɪtro:n]
laranja (f)	**pomeranč** (m)	[pomɛranʧ]
morango (m)	**zahradní jahody** (ž mn)	[zahradni: jahodɪ]
tangerina (f)	**mandarinka** (ž)	[mandarɪŋka]
ameixa (f)	**švestka** (ž)	[ʃvɛstka]
pêssego (m)	**broskev** (ž)	[broskɛf]
damasco (m)	**meruňka** (ž)	[mɛrunʲka]
framboesa (f)	**maliny** (ž mn)	[malɪnɪ]
abacaxi (m)	**ananas** (m)	[ananas]
banana (f)	**banán** (m)	[bana:n]
melancia (f)	**vodní meloun** (m)	[vodni: mɛloun]
uva (f)	**hroznové víno** (s)	[hroznovɛ: vi:no]
ginja (f)	**višně** (ž)	[vɪʃne]
cereja (f)	**třešně** (ž)	[trʃɛʃne]
melão (m)	**cukrový meloun** (m)	[ʦukrovi: mɛloun]
toranja (f)	**grapefruit** (m)	[grɛjpfru:t]
abacate (m)	**avokádo** (s)	[avoka:do]
mamão (m)	**papája** (ž)	[papa:ja]
manga (f)	**mango** (s)	[mango]

romã (f) | **granátové jablko** (s) | [grana:tovɛ: jablko]
groselha (f) vermelha | **červený rybíz** (m) | [ʧɛrvɛni: rɪbi:z]
groselha (f) negra | **černý rybíz** (m) | [ʧɛrni: rɪbi:z]
groselha (f) espinhosa | **angrešt** (m) | [angrɛʃt]
mirtilo (m) | **borůvky** (ž mn) | [boru:fkɪ]
amora (f) silvestre | **ostružiny** (ž mn) | [ostruʒɪnɪ]

passa (f) | **hrozinky** (ž mn) | [hrozɪŋkɪ]
figo (m) | **fík** (m) | [fi:k]
tâmara (f) | **datle** (ž) | [datlɛ]

amendoim (m) | **burský oříšek** (m) | [burski: orʒi:ʃɛk]
amêndoa (f) | **mandle** (ž) | [mandlɛ]
noz (f) | **vlašský ořech** (m) | [vlaʃski: orʒɛx]
avelã (f) | **lískový ořech** (m) | [li:skovi: orʒɛx]
coco (m) | **kokos** (m) | [kokos]
pistaches (m pl) | **pistácie** (ž) | [pɪsta:ʦɪe]

39. Pão. Bolaria

pastelaria (f) | **cukroví** (s) | [ʦukrovi:]
pão (m) | **chléb** (m) | [xlɛ:p]
biscoito (m), bolacha (f) | **sušenky** (ž mn) | [suʃɛŋkɪ]

chocolate (m) | **čokoláda** (ž) | [ʧokola:da]
de chocolate | **čokoládový** | [ʧokola:dovi:]
bala (f) | **bonbón** (m) | [bonbo:n]
doce (bolo pequeno) | **zákusek** (m) | [za:kusɛk]
bolo (m) de aniversário | **dort** (m) | [dort]

torta (f) | **koláč** (m) | [kola:ʧ]
recheio (m) | **nádivka** (ž) | [na:dɪfka]

geleia (m) | **zavařenina** (ž) | [zavarʒɛnɪna]
marmelada (f) | **marmeláda** (ž) | [marmɛla:da]
wafers (m pl) | **oplatky** (mn) | [oplatkɪ]
sorvete (m) | **zmrzlina** (ž) | [zmrzlɪna]

40. Pratos cozinhados

prato (m) | **jídlo** (s) | [ji:dlo]
cozinha (~ portuguesa) | **kuchyně** (ž) | [kuxɪne]
receita (f) | **recept** (m) | [rɛʦɛpt]
porção (f) | **porce** (ž) | [porʦɛ]

salada (f) | **salát** (m) | [sala:t]
sopa (f) | **polévka** (ž) | [polɛ:fka]

caldo (m) | **vývar** (m) | [vi:var]
sanduíche (m) | **obložený chlebíček** (m) | [obloʒeni: xlɛbi:ʧɛk]
ovos (m pl) fritos | **míchaná vejce** (s mn) | [mi:xana: vɛjʦɛ]
hambúrguer (m) | **hamburger** (m) | [hamburgɛr]

bife (m)	**biftek** (m)	[bɪftɛk]
acompanhamento (m)	**příloha** (ž)	[prʃi:loha]
espaguete (m)	**spagety** (m mn)	[spagɛtɪ]
purê (m) de batata	**bramborová kaše** (ž)	[bramborova: kaʃɛ]
pizza (f)	**pizza** (ž)	[pɪʦa]
mingau (m)	**kaše** (ž)	[kaʃɛ]
omelete (f)	**omeleta** (ž)	[omɛlɛta]
fervido (adj)	**vařený**	[varʒɛni:]
defumado (adj)	**uzený**	[uzɛni:]
frito (adj)	**smažený**	[smaʒeni:]
seco (adj)	**sušený**	[suʃɛni:]
congelado (adj)	**zmražený**	[zmraʒeni:]
em conserva (adj)	**marinovaný**	[marɪnovani:]
doce (adj)	**sladký**	[slatki:]
salgado (adj)	**slaný**	[slani:]
frio (adj)	**studený**	[studɛni:]
quente (adj)	**teplý**	[tɛpli:]
amargo (adj)	**hořký**	[horʃki:]
gostoso (adj)	**chutný**	[xutni:]
cozinhar em água fervente	**vařit**	[varʒɪt]
preparar (vt)	**vařit**	[varʒɪt]
fritar (vt)	**smažit**	[smaʒɪt]
aquecer (vt)	**ohřívat**	[ohrʒi:vat]
salgar (vt)	**solit**	[solɪt]
apimentar (vt)	**pepřit**	[pɛprʃɪt]
ralar (vt)	**strouhat**	[strouhat]
casca (f)	**slupka** (ž)	[slupka]
descascar (vt)	**loupat**	[loupat]

41. Especiarias

sal (m)	**sůl** (ž)	[su:l]
salgado (adj)	**slaný**	[slani:]
salgar (vt)	**solit**	[solɪt]
pimenta-do-reino (f)	**černý pepř** (m)	[ʧɛrni: pɛprʃ]
pimenta (f) vermelha	**červená paprika** (ž)	[ʧɛrvɛna: paprɪka]
mostarda (f)	**hořčice** (ž)	[horʃʧɪʦɛ]
raiz-forte (f)	**křen** (m)	[krʃɛn]
condimento (m)	**ochucovadlo** (s)	[oxutsovadlo]
especiaria (f)	**koření** (s)	[korʒɛni:]
molho (~ inglês)	**omáčka** (ž)	[oma:ʧka]
vinagre (m)	**ocet** (m)	[oʦɛt]
anis estrelado (m)	**anýz** (m)	[ani:z]
manjericão (m)	**bazalka** (ž)	[bazalka]
cravo (m)	**hřebíček** (m)	[hrʒɛbi:ʧɛk]
gengibre (m)	**zázvor** (m)	[za:zvor]
coentro (m)	**koriandr** (m)	[korɪandr]

canela (f)	**skořice** (ž)	[skorʒɪʦɛ]
gergelim (m)	**sezam** (m)	[sɛzam]
folha (f) de louro	**bobkový list** (m)	[bopkovi: lɪst]
páprica (f)	**paprika** (ž)	[paprɪka]
cominho (m)	**kmín** (m)	[kmi:n]
açafrão (m)	**šafrán** (m)	[ʃafra:n]

42. Refeições

comida (f)	**jídlo** (s)	[ji:dlo]
comer (vt)	**jíst**	[ji:st]
café (m) da manhã	**snídaně** (ž)	[sni:dane]
tomar café da manhã	**snídat**	[sni:dat]
almoço (m)	**oběd** (m)	[obet]
almoçar (vi)	**obědvat**	[obedvat]
jantar (m)	**večeře** (ž)	[vɛʧɛrʒɛ]
jantar (vi)	**večeřet**	[vɛʧɛrʒɛt]
apetite (m)	**chuť** (ž) **k jídlu**	[xutʲ k ji:dlu]
Bom apetite!	**Dobrou chuť!**	[dobrou xutʲ]
abrir (~ uma lata, etc.)	**otvírat**	[otvi:rat]
derramar (~ líquido)	**rozlít**	[rozli:t]
derramar-se (vr)	**rozlít se**	[rozli:t sɛ]
ferver (vi)	**vřít**	[vrʒi:t]
ferver (vt)	**vařit**	[varʒɪt]
fervido (adj)	**svařený**	[svarʒɛni:]
esfriar (vt)	**ochladit**	[oxladɪt]
esfriar-se (vr)	**ochlazovat se**	[oxlazovat sɛ]
sabor, gosto (m)	**chuť** (ž)	[xutʲ]
fim (m) de boca	**příchuť** (ž)	[prʃi:xutʲ]
emagrecer (vi)	**držet dietu**	[drʒet dɪetu]
dieta (f)	**dieta** (ž)	[dɪeta]
vitamina (f)	**vitamín** (m)	[vɪtami:n]
caloria (f)	**kalorie** (ž)	[kalorɪe]
vegetariano (m)	**vegetarián** (m)	[vɛgɛtarɪa:n]
vegetariano (adj)	**vegetariánský**	[vɛgɛtarɪa:nski:]
gorduras (f pl)	**tuky** (m)	[tukɪ]
proteínas (f pl)	**bílkoviny** (ž)	[bi:lkovɪnɪ]
carboidratos (m pl)	**karbohydráty** (mn)	[karbohɪdrati:]
fatia (~ de limão, etc.)	**plátek** (m)	[pla:tɛk]
pedaço (~ de bolo)	**kousek** (m)	[kousɛk]
migalha (f), farelo (m)	**drobek** (m)	[drobɛk]

43. Por a mesa

colher (f)	**lžíce** (ž)	[lʒi:ʦɛ]
faca (f)	**nůž** (m)	[nu:ʃ]

garfo (m)	**vidlička** (ž)	[vɪdlɪʧka]
xícara (f)	**šálek** (m)	[ʃa:lɛk]
prato (m)	**talíř** (m)	[tali:rʃ]
pires (m)	**talířek** (m)	[tali:rʒɛk]
guardanapo (m)	**ubrousek** (m)	[ubrousɛk]
palito (m)	**párátko** (s)	[pa:ra:tko]

44. Restaurante

restaurante (m)	**restaurace** (ž)	[rɛstauraʦɛ]
cafeteria (f)	**kavárna** (ž)	[kava:rna]
bar (m), cervejaria (f)	**bar** (m)	[bar]
salão (m) de chá	**čajovna** (ž)	[ʧajovna]
garçom (m)	**číšník** (m)	[ʧi:ʃni:k]
garçonete (f)	**číšnice** (ž)	[ʧi:ʃnɪʦɛ]
barman (m)	**barman** (m)	[barman]
cardápio (m)	**jídelní lístek** (m)	[ji:dɛlni: li:stɛk]
lista (f) de vinhos	**nápojový lístek** (m)	[na:pojovi: li:stɛk]
reservar uma mesa	**rezervovat stůl**	[rɛzɛrvovat stu:l]
prato (m)	**jídlo** (s)	[ji:dlo]
pedir (vt)	**objednat si**	[objɛdnat sɪ]
fazer o pedido	**objednat si**	[objɛdnat sɪ]
aperitivo (m)	**aperitiv** (m)	[apɛrɪtɪf]
entrada (f)	**předkrm** (m)	[prʃɛtkrm]
sobremesa (f)	**desert** (m)	[dɛsɛrt]
conta (f)	**účet** (m)	[u:ʧɛt]
pagar a conta	**zaplatit účet**	[zaplatɪt u:ʧɛt]
dar o troco	**dát nazpátek**	[da:t naspa:tɛk]
gorjeta (f)	**spropitné** (s)	[spropɪtnɛ:]

Família, parentes e amigos

45. Informação pessoal. Formulários

nome (m)	**jméno** (s)	[jmɛ:no]
sobrenome (m)	**příjmení** (s)	[prʃi:jmɛni:]
data (f) de nascimento	**datum** (s) **narození**	[datum narozɛni:]
local (m) de nascimento	**místo** (s) **narození**	[mi:sto narozɛni:]
nacionalidade (f)	**národnost** (ž)	[na:rodnost]
lugar (m) de residência	**bydliště** (s)	[bɪdlɪʃte]
país (m)	**země** (ž)	[zɛmnɛ]
profissão (f)	**povolání** (s)	[povola:ni:]
sexo (m)	**pohlaví** (s)	[pohlavi:]
estatura (f)	**postava** (ž)	[postava]
peso (m)	**váha** (ž)	[va:ha]

46. Membros da família. Parentes

mãe (f)	**matka** (ž)	[matka]
pai (m)	**otec** (m)	[otɛʦ]
filho (m)	**syn** (m)	[sɪn]
filha (f)	**dcera** (ž)	[dʦɛra]
caçula (f)	**nejmladší dcera** (ž)	[nɛjmladʃi: dʦɛra]
caçula (m)	**nejmladší syn** (m)	[nɛjmladʃi: sɪn]
filha (f) mais velha	**nejstarší dcera** (ž)	[nɛjstarʃi: dʦɛra]
filho (m) mais velho	**nejstarší syn** (m)	[nɛjstarʃi: sɪn]
irmão (m)	**bratr** (m)	[bratr]
irmã (f)	**sestra** (ž)	[sɛstra]
primo (m)	**bratranec** (m)	[bratranɛʦ]
prima (f)	**sestřenice** (ž)	[sɛstrʃɛnɪʦɛ]
mamãe (f)	**maminka** (ž)	[mamɪŋka]
papai (m)	**táta** (m)	[ta:ta]
pais (pl)	**rodiče** (m mn)	[rodɪʧɛ]
criança (f)	**dítě** (s)	[di:te]
crianças (f pl)	**děti** (ž mn)	[detɪ]
avó (f)	**babička** (ž)	[babɪʧka]
avô (m)	**dědeček** (m)	[dedɛʧɛk]
neto (m)	**vnuk** (m)	[vnuk]
neta (f)	**vnučka** (ž)	[vnuʧka]
netos (pl)	**vnuci** (m mn)	[vnuʦɪ]
tio (m)	**strýc** (m)	[stri:ʦ]
tia (f)	**teta** (ž)	[tɛta]

sobrinho (m)	**synovec** (m)	[sɪnovɛʦ]
sobrinha (f)	**neteř** (ž)	[nɛtɛrʃ]
sogra (f)	**tchyně** (ž)	[txɪne]
sogro (m)	**tchán** (m)	[txa:n]
genro (m)	**zeť** (m)	[zɛtʲ]
madrasta (f)	**nevlastní matka** (ž)	[nɛvlastni: matka]
padrasto (m)	**nevlastní otec** (m)	[nɛvlastni: otɛʦ]
criança (f) de colo	**kojenec** (m)	[kojɛnɛʦ]
bebê (m)	**nemluvně** (s)	[nɛmluvne]
menino (m)	**děcko** (s)	[deʦko]
mulher (f)	**žena** (ž)	[ʒena]
marido (m)	**muž** (m)	[muʃ]
esposo (m)	**manžel** (m)	[manʒel]
esposa (f)	**manželka** (ž)	[manʒelka]
casado (adj)	**ženatý**	[ʒenati:]
casada (adj)	**vdaná**	[vdana:]
solteiro (adj)	**svobodný**	[svobodni:]
solteirão (m)	**mládenec** (m)	[mla:dɛnɛʦ]
divorciado (adj)	**rozvedený**	[rozvɛdɛni:]
viúva (f)	**vdova** (ž)	[vdova]
viúvo (m)	**vdovec** (m)	[vdovɛʦ]
parente (m)	**příbuzný** (m)	[prʃi:buzni:]
parente (m) próximo	**blízký příbuzný** (m)	[bli:ski: prʃi:buzni:]
parente (m) distante	**vzdálený příbuzný** (m)	[vzda:lɛni: prʃi:buzni:]
parentes (m pl)	**příbuzenstvo** (s)	[prʃi:buzɛnstvo]
órfão (m), órfã (f)	**sirotek** (m, ž)	[sɪrotɛk]
tutor (m)	**poručník** (m)	[porutʃni:k]
adotar (um filho)	**adoptovat**	[adoptovat]
adotar (uma filha)	**adoptovat dívku**	[adoptovat difku]

Medicina

47. Doenças

doença (f)	**nemoc** (ž)	[nɛmoʦ]
estar doente	**být nemocný**	[bi:t nɛmoʦni:]
saúde (f)	**zdraví** (s)	[zdravi:]
nariz (m) escorrendo	**rýma** (ž)	[ri:ma]
amigdalite (f)	**angína** (ž)	[angi:na]
resfriado (m)	**nachlazení** (s)	[naxlazɛni:]
ficar resfriado	**nachladit se**	[naxladɪt sɛ]
bronquite (f)	**bronchitida** (ž)	[bronxɪti:da]
pneumonia (f)	**zápal** (m) **plic**	[za:pal plɪʦ]
gripe (f)	**chřipka** (ž)	[xrʃɪpka]
míope (adj)	**krátkozraký**	[kra:tkozraki:]
presbita (adj)	**dalekozraký**	[dalɛkozraki:]
estrabismo (m)	**šilhavost** (ž)	[ʃɪlhavost]
estrábico, vesgo (adj)	**šilhavý**	[ʃɪlhavi:]
catarata (f)	**šedý zákal** (m)	[ʃɛdi: za:kal]
glaucoma (m)	**zelený zákal** (m)	[zɛlɛni: za:kal]
AVC (m), apoplexia (f)	**mozková mrtvice** (ž)	[moskova: mrtvɪʦɛ]
ataque (m) cardíaco	**infarkt** (m)	[ɪnfarkt]
enfarte (m) do miocárdio	**infarkt** (m) **myokardu**	[ɪnfarkt mɪokardu]
paralisia (f)	**obrna** (ž)	[obrna]
paralisar (vt)	**paralyzovat**	[paralɪzovat]
alergia (f)	**alergie** (ž)	[alɛrgɪe]
asma (f)	**astma** (s)	[astma]
diabetes (f)	**cukrovka** (ž)	[ʦukrofka]
dor (f) de dente	**bolení** (s) **zubů**	[bolɛni: zubu:]
cárie (f)	**zubní kaz** (m)	[zubni: kaz]
diarreia (f)	**průjem** (m)	[pru:jɛm]
prisão (f) de ventre	**zácpa** (ž)	[za:ʦpa]
desarranjo (m) intestinal	**žaludeční potíže** (ž mn)	[ʒaludɛʧni: poti:ʒe]
intoxicação (f) alimentar	**otrava** (ž)	[otrava]
intoxicar-se	**otrávit se**	[otra:vɪt sɛ]
artrite (f)	**artritida** (ž)	[artrɪtɪda]
raquitismo (m)	**rachitida** (ž)	[raxɪtɪda]
reumatismo (m)	**revmatismus** (m)	[rɛvmatɪzmus]
arteriosclerose (f)	**ateroskleróza** (ž)	[atɛrosklɛro:za]
gastrite (f)	**gastritida** (ž)	[gastrɪtɪda]
apendicite (f)	**apendicitida** (ž)	[apɛndɪʦɪtɪda]

colecistite (f) **zánět** (m) **žlučníku** [za:net ʒlutʃni:ku]
úlcera (f) **vřed** (m) [vrʒɛt]

sarampo (m) **spalničky** (ž mn) [spalnɪtʃki:]
rubéola (f) **zarděnky** (ž mn) [zardeŋkɪ]
icterícia (f) **žloutenka** (ž) [ʒloutɛŋka]
hepatite (f) **hepatitida** (ž) [hɛpatɪtɪda]

esquizofrenia (f) **schizofrenie** (ž) [sxɪzofrɛnɪe]
raiva (f) **vzteklina** (ž) [vstɛklɪna]
neurose (f) **neuróza** (ž) [nɛuro:za]
contusão (f) cerebral **otřes** (m) **mozku** [otrʃɛs mosku]

câncer (m) **rakovina** (ž) [rakovɪna]
esclerose (f) **skleróza** (ž) [sklɛro:za]
esclerose (f) múltipla **roztroušená skleróza** (ž) [roztrouʃɛna: sklɛro:za]

alcoolismo (m) **alkoholismus** (m) [alkoholɪzmus]
alcoólico (m) **alkoholik** (m) [alkoholɪk]
sífilis (f) **syfilida** (ž) [sɪfɪlɪda]
AIDS (f) **AIDS** (m) [ajts]

tumor (m) **nádor** (m) [na:dor]
maligno (adj) **zhoubný** [zhoubni:]
benigno (adj) **nezhoubný** [nɛzhoubni:]

febre (f) **zimnice** (ž) [zɪmnɪʦɛ]
malária (f) **malárie** (ž) [mala:rɪe]
gangrena (f) **gangréna** (ž) [gangrɛ:na]
enjoo (m) **mořská nemoc** (ž) [morʃska: nɛmoʦ]
epilepsia (f) **padoucnice** (ž) [padouʦnɪʦɛ]

epidemia (f) **epidemie** (ž) [ɛpɪdɛmɪe]
tifo (m) **tyf** (m) [tɪf]
tuberculose (f) **tuberkulóza** (ž) [tubɛrkulo:za]
cólera (f) **cholera** (ž) [xolɛra]
peste (f) bubônica **mor** (m) [mor]

48. Sintomas. Tratamentos. Parte 1

sintoma (m) **příznak** (m) [prʃi:znak]
temperatura (f) **teplota** (ž) [tɛplota]
febre (f) **vysoká teplota** (ž) [vɪsoka: tɛplota]
pulso (m) **tep** (m) [tɛp]

vertigem (f) **závrať** (ž) [za:vratʲ]
quente (testa, etc.) **horký** [horki:]
calafrio (m) **mrazení** (s) [mrazɛni:]
pálido (adj) **bledý** [blɛdi:]

tosse (f) **kašel** (m) [kaʃɛl]
tossir (vi) **kašlat** [kaʃlat]
espirrar (vi) **kýchat** [ki:xat]
desmaio (m) **mdloby** (ž mn) [mdlobɪ]

desmaiar (vi)	**upadnout do mdlob**	[upadnout do mdlop]
mancha (f) preta	**modřina** (ž)	[modrʒɪna]
galo (m)	**boule** (ž)	[boulɛ]
machucar-se (vr)	**uhodit se**	[uhodɪt sɛ]
contusão (f)	**pohmožděnina** (ž)	[pohmoʒdenɪna]
machucar-se (vr)	**uhodit se**	[uhodɪt sɛ]
mancar (vi)	**kulhat**	[kulhat]
deslocamento (f)	**vykloubení** (s)	[vɪkloubɛni:]
deslocar (vt)	**vykloubit**	[vɪkloubɪt]
fratura (f)	**zlomenina** (ž)	[zlomɛnɪna]
fraturar (vt)	**dostat zlomeninu**	[dostat zlomɛnɪnu]
corte (m)	**říznutí** (s)	[rʒi:znuti:]
cortar-se (vr)	**říznout se**	[rʒi:znout sɛ]
hemorragia (f)	**krvácení** (s)	[krva:ʦɛni:]
queimadura (f)	**popálenina** (ž)	[popa:lɛnɪna]
queimar-se (vr)	**spálit se**	[spa:lɪt sɛ]
picar (vt)	**píchnout**	[pi:xnout]
picar-se (vr)	**píchnout se**	[pi:xnout sɛ]
lesionar (vt)	**pohmoždit**	[pohmoʒdɪt]
lesão (m)	**pohmoždění** (s)	[pohmoʒdeni:]
ferida (f), ferimento (m)	**rána** (ž)	[ra:na]
trauma (m)	**úraz** (m)	[u:raz]
delirar (vi)	**blouznit**	[blouznɪt]
gaguejar (vi)	**zajíkat se**	[zaji:kat sɛ]
insolação (f)	**úpal** (m)	[u:pal]

49. Sintomas. Tratamentos. Parte 2

dor (f)	**bolest** (ž)	[bolɛst]
farpa (no dedo, etc.)	**tříska** (ž)	[trʃi:ska]
suor (m)	**pot** (m)	[pot]
suar (vi)	**potit se**	[potɪt sɛ]
vômito (m)	**zvracení** (s)	[zvraʦɛni:]
convulsões (f pl)	**křeče** (ž mn)	[krʃɛʧɛ]
grávida (adj)	**těhotná**	[tehotna:]
nascer (vi)	**narodit se**	[narodɪt sɛ]
parto (m)	**porod** (m)	[porot]
dar à luz	**rodit**	[rodɪt]
aborto (m)	**umělý potrat** (m)	[umneli: potrat]
respiração (f)	**dýchání** (s)	[di:xa:ni:]
inspiração (f)	**vdech** (m)	[vdɛx]
expiração (f)	**výdech** (m)	[vi:dɛx]
expirar (vi)	**vydechnout**	[vɪdɛxnout]
inspirar (vi)	**nadechnout se**	[nadɛxnout sɛ]
inválido (m)	**invalida** (m)	[ɪnvalɪda]
aleijado (m)	**mrzák** (m)	[mrza:k]

drogado (m)	**narkoman** (m)	[narkoman]
surdo (adj)	**hluchý**	[hluxi:]
mudo (adj)	**němý**	[nemi:]
louco, insano (adj)	**šílený**	[ʃi:lɛni:]
louco (m)	**šílenec** (m)	[ʃi:lɛnɛʦ]
louca (f)	**šílenec** (ž)	[ʃi:lɛnɛʦ]
ficar louco	**zešílet**	[zɛʃi:lɛt]
gene (m)	**gen** (m)	[gɛn]
imunidade (f)	**imunita** (ž)	[ɪmunɪta]
hereditário (adj)	**dědičný**	[dedɪʧni:]
congênito (adj)	**vrozený**	[vrozɛni:]
vírus (m)	**virus** (m)	[vɪrus]
micróbio (m)	**mikrob** (m)	[mɪkrop]
bactéria (f)	**baktérie** (ž)	[baktɛ:rɪe]
infecção (f)	**infekce** (ž)	[ɪnfɛkʦɛ]

50. Sintomas. Tratamentos. Parte 3

hospital (m)	**nemocnice** (ž)	[nɛmoʦnɪʦɛ]
paciente (m)	**pacient** (m)	[paʦɪent]
diagnóstico (m)	**diagnóza** (ž)	[dɪagno:za]
cura (f)	**léčení** (s)	[lɛ:ʧɛni:]
tratamento (m) médico	**léčba** (ž)	[lɛ:ʧba]
curar-se (vr)	**léčit se**	[lɛ:ʧɪt sɛ]
tratar (vt)	**léčit**	[lɛ:ʧɪt]
cuidar (pessoa)	**ošetřovat**	[oʃɛtrʃovat]
cuidado (m)	**ošetřování** (s)	[oʃɛtrʃova:ni:]
operação (f)	**operace** (ž)	[opɛraʦɛ]
enfaixar (vt)	**obvázat**	[obva:zat]
enfaixamento (m)	**obvazování** (s)	[obvazova:ni:]
vacinação (f)	**očkování** (s)	[oʧkova:ni:]
vacinar (vt)	**dělat očkování**	[delat oʧkova:ni:]
injeção (f)	**injekce** (ž)	[ɪnjɛkʦɛ]
dar uma injeção	**dávat injekci**	[da:vat ɪnjɛkʦɪ]
ataque (~ de asma, etc.)	**záchvat** (m)	[za:xvat]
amputação (f)	**amputace** (ž)	[amputaʦɛ]
amputar (vt)	**amputovat**	[amputovat]
coma (f)	**kóma** (s)	[ko:ma]
estar em coma	**být v kómatu**	[bi:t v ko:matu]
reanimação (f)	**reanimace** (ž)	[rɛanɪmaʦɛ]
recuperar-se (vr)	**uzdravovat se**	[uzdravovat sɛ]
estado (~ de saúde)	**stav** (m)	[staf]
consciência (perder a ~)	**vědomí** (s)	[vedomi:]
memória (f)	**paměť** (ž)	[pamnetʲ]
tirar (vt)	**trhat**	[trhat]
obturação (f)	**plomba** (ž)	[plomba]

obturar (vt)	**plombovat**	[plombovat]
hipnose (f)	**hypnóza** (ž)	[hɪpno:za]
hipnotizar (vt)	**hypnotizovat**	[hɪpnotɪzovat]

51. Médicos

médico (m)	**lékař** (m)	[lɛ:karʃ]
enfermeira (f)	**zdravotní sestra** (ž)	[zdravotni: sɛstra]
médico (m) pessoal	**osobní lékař** (m)	[osobni: lɛ:karʃ]
dentista (m)	**zubař** (m)	[zubarʃ]
oculista (m)	**oční lékař** (m)	[otʃni: lɛ:karʃ]
terapeuta (m)	**internista** (m)	[ɪntɛrnɪsta]
cirurgião (m)	**chirurg** (m)	[xɪrurg]
psiquiatra (m)	**psychiatr** (m)	[psɪxɪatr]
pediatra (m)	**pediatr** (m)	[pɛdɪatr]
psicólogo (m)	**psycholog** (m)	[psɪxolog]
ginecologista (m)	**gynekolog** (m)	[gɪnɛkolog]
cardiologista (m)	**kardiolog** (m)	[kardɪolog]

52. Medicina. Drogas. Acessórios

medicamento (m)	**lék** (m)	[lɛ:k]
remédio (m)	**prostředek** (m)	[prostrʃɛdɛk]
receitar (vt)	**předepsat**	[prʒɛdɛpsat]
receita (f)	**recept** (m)	[rɛtsɛpt]
comprimido (m)	**tableta** (ž)	[tablɛta]
unguento (m)	**mast** (ž)	[mast]
ampola (f)	**ampule** (ž)	[ampulɛ]
solução, preparado (m)	**mixtura** (ž)	[mɪkstura]
xarope (m)	**sirup** (m)	[sɪrup]
cápsula (f)	**pilulka** (ž)	[pɪlulka]
pó (m)	**prášek** (m)	[pra:ʃɛk]
atadura (f)	**obvaz** (m)	[obvaz]
algodão (m)	**vata** (ž)	[vata]
iodo (m)	**jód** (m)	[jo:t]
curativo (m) adesivo	**leukoplast** (m)	[lɛukoplast]
conta-gotas (m)	**pipeta** (ž)	[pɪpɛta]
termômetro (m)	**teploměr** (m)	[tɛplomner]
seringa (f)	**injekční stříkačka** (ž)	[ɪnjɛktʃni: strʃi:katʃka]
cadeira (f) de rodas	**vozík** (m)	[vozi:k]
muletas (f pl)	**berle** (ž mn)	[bɛrlɛ]
analgésico (m)	**anestetikum** (s)	[anɛstɛtɪkum]
laxante (m)	**projímadlo** (s)	[proji:madlo]
álcool (m)	**líh** (m)	[li:x]
ervas (f pl) medicinais	**bylina** (ž)	[bɪlɪna]
de ervas (chá ~)	**bylinný**	[bɪlɪnni:]

HABITAT HUMANO

Cidade

53. Cidade. Vida na cidade

cidade (f)	**město** (s)	[mnesto]
capital (f)	**hlavní město** (s)	[hlavni: mnesto]
aldeia (f)	**venkov** (m)	[vɛŋkof]
mapa (m) da cidade	**plán** (m) **města**	[pla:n mnesta]
centro (m) da cidade	**střed** (m) **města**	[strʃɛd mnesta]
subúrbio (m)	**předměstí** (s)	[prʃɛdmnesti:]
suburbano (adj)	**předměstský**	[prʃɛdmnestski:]
periferia (f)	**okraj** (m)	[okraj]
arredores (m pl)	**okolí** (s)	[okoli:]
quarteirão (m)	**čtvrť** (ž)	[ʧtvrtʲ]
quarteirão (m) residencial	**obytná čtvrť** (ž)	[obɪtna: ʧtvrtʲ]
tráfego (m)	**provoz** (m)	[provoz]
semáforo (m)	**semafor** (m)	[sɛmafor]
transporte (m) público	**městská doprava** (ž)	[mnestska: doprava]
cruzamento (m)	**křižovatka** (ž)	[krʃɪʒovatka]
faixa (f)	**přechod** (m)	[prʃɛxot]
túnel (m) subterrâneo	**podchod** (m)	[podxot]
cruzar, atravessar (vt)	**přecházet**	[prʃɛxa:zɛt]
pedestre (m)	**chodec** (m)	[xodɛʦ]
calçada (f)	**chodník** (m)	[xodni:k]
ponte (f)	**most** (m)	[most]
margem (f) do rio	**nábřeží** (s)	[na:brʒɛʒi:]
fonte (f)	**fontána** (ž)	[fonta:na]
alameda (f)	**alej** (ž)	[alɛj]
parque (m)	**park** (m)	[park]
bulevar (m)	**bulvár** (m)	[bulva:r]
praça (f)	**náměstí** (s)	[na:mnesti:]
avenida (f)	**třída** (ž)	[trʃi:da]
rua (f)	**ulice** (ž)	[ulɪʦɛ]
travessa (f)	**boční ulice** (ž)	[boʧni: ulɪʦɛ]
beco (m) sem saída	**slepá ulice** (ž)	[slɛpa: ulɪʦɛ]
casa (f)	**dům** (m)	[du:m]
edifício, prédio (m)	**budova** (ž)	[budova]
arranha-céu (m)	**mrakodrap** (m)	[mrakodrap]
fachada (f)	**fasáda** (ž)	[fasa:da]
telhado (m)	**střecha** (ž)	[strʃɛxa]

janela (f)	**okno** (s)	[okno]
arco (m)	**oblouk** (m)	[oblouk]
coluna (f)	**sloup** (m)	[sloup]
esquina (f)	**roh** (m)	[rox]
vitrine (f)	**výloha** (ž)	[vi:loha]
letreiro (m)	**vývěsní tabule** (ž)	[vi:vesni: tabulɛ]
cartaz (do filme, etc.)	**plakát** (m)	[plaka:t]
cartaz (m) publicitário	**reklamní plakát** (m)	[rɛklamni: plaka:t]
painel (m) publicitário	**billboard** (m)	[bɪlbo:rt]
lixo (m)	**odpadky** (m mn)	[otpatki:]
lata (f) de lixo	**popelnice** (ž)	[popɛlnɪʦɛ]
jogar lixo na rua	**dělat smetí**	[delat smɛti:]
aterro (m) sanitário	**smetiště** (s)	[smɛtɪʃte]
orelhão (m)	**telefonní budka** (ž)	[tɛlɛfonni: butka]
poste (m) de luz	**pouliční svítilna** (ž)	[poulɪʧni: svi:tɪlna]
banco (m)	**lavička** (ž)	[lavɪʧka]
polícia (m)	**policista** (m)	[polɪʦɪsta]
polícia (instituição)	**policie** (ž)	[polɪʦɪe]
mendigo, pedinte (m)	**žebrák** (m)	[ʒebra:k]
desabrigado (m)	**bezdomovec** (m)	[bɛzdomovɛʦ]

54. Instituições urbanas

loja (f)	**obchod** (m)	[obxot]
drogaria (f)	**lékárna** (ž)	[lɛ:ka:rna]
ótica (f)	**oční optika** (ž)	[oʧni: optɪka]
centro (m) comercial	**obchodní středisko** (s)	[obxodni: strʃɛdɪsko]
supermercado (m)	**supermarket** (m)	[supɛrmarket]
padaria (f)	**pekařství** (s)	[pɛkarʃstvi:]
padeiro (m)	**pekař** (m)	[pɛkarʃ]
pastelaria (f)	**cukrárna** (ž)	[ʦukra:rna]
mercearia (f)	**smíšené zboží** (s)	[smiʃɛnɛ: zboʒi:]
açougue (m)	**řeznictví** (s)	[rʒɛznɪʦtvi:]
fruteira (f)	**zelinářství** (s)	[zɛlɪna:rʃstvi:]
mercado (m)	**tržnice** (ž)	[trʒnɪʦɛ]
cafeteria (f)	**kavárna** (ž)	[kava:rna]
restaurante (m)	**restaurace** (ž)	[rɛstauraʦɛ]
bar (m)	**pivnice** (ž)	[pɪvnɪʦɛ]
pizzaria (f)	**pizzerie** (ž)	[pɪʦɛrɪe]
salão (m) de cabeleireiro	**holičství** (s) **a kadeřnictví**	[holɪʧstvi: a kadɛrʒnɪʦtvi:]
agência (f) dos correios	**pošta** (ž)	[poʃta]
lavanderia (f)	**čistírna** (ž)	[ʧɪsti:rna]
estúdio (m) fotográfico	**fotografický ateliér** (m)	[fotografɪʦki: atɛlɪe:r]
sapataria (f)	**obchod** (m) **s obuví**	[obxot s obuvi:]
livraria (f)	**knihkupectví** (s)	[knɪxkupɛʦtvi:]

loja (f) de artigos esportivos	**sportovní potřeby** (ž mn)	[sportovni: potrʃɛbɪ]
costureira (m)	**opravna** (ž) **oděvů**	[opravna odevu:]
aluguel (m) de roupa	**půjčovna** (ž) **oděvů**	[pu:jʧovna odevu:]
videolocadora (f)	**půjčovna** (ž) **filmů**	[pu:jʧovna fɪlmu:]
circo (m)	**cirkus** (m)	[ʦɪrkus]
jardim (m) zoológico	**zoologická zahrada** (ž)	[zoologɪʦka: zahrada]
cinema (m)	**biograf** (m)	[bɪograf]
museu (m)	**muzeum** (s)	[muzɛum]
biblioteca (f)	**knihovna** (ž)	[knɪhovna]
teatro (m)	**divadlo** (s)	[dɪvadlo]
ópera (f)	**opera** (ž)	[opɛra]
boate (casa noturna)	**noční klub** (m)	[noʧni: klup]
cassino (m)	**kasino** (s)	[kasi:no]
mesquita (f)	**mešita** (ž)	[mɛʃɪta]
sinagoga (f)	**synagóga** (ž)	[sinago:ga]
catedral (f)	**katedrála** (ž)	[katɛdra:la]
templo (m)	**chrám** (m)	[xra:m]
igreja (f)	**kostel** (m)	[kostɛl]
faculdade (f)	**vysoká škola** (ž)	[vɪsoka: ʃkola]
universidade (f)	**univerzita** (ž)	[unɪvɛrzɪta]
escola (f)	**škola** (ž)	[ʃkola]
prefeitura (f)	**prefektura** (ž)	[prɛfɛktura]
câmara (f) municipal	**magistrát** (m)	[magɪstra:t]
hotel (m)	**hotel** (m)	[hotɛl]
banco (m)	**banka** (ž)	[baŋka]
embaixada (f)	**velvyslanectví** (s)	[vɛlvɪslanɛʦtvi:]
agência (f) de viagens	**cestovní kancelář** (ž)	[ʦɛstovni: kanʦɛla:rʃ]
agência (f) de informações	**informační kancelář** (ž)	[ɪnformaʧni: kanʦɛla:rʃ]
casa (f) de câmbio	**směnárna** (ž)	[smnena:rna]
metrô (m)	**metro** (s)	[mɛtro]
hospital (m)	**nemocnice** (ž)	[nɛmoʦnɪʦɛ]
posto (m) de gasolina	**benzínová stanice** (ž)	[bɛnzi:nova: stanɪʦɛ]
parque (m) de estacionamento	**parkoviště** (s)	[parkovɪʃte]

55. Sinais

letreiro (m)	**ukazatel** (m) **směru**	[ukazatɛl smneru]
aviso (m)	**nápis** (m)	[na:pɪs]
cartaz, pôster (m)	**plakát** (m)	[plaka:t]
placa (f) de direção	**ukazatel** (m)	[ukazatɛl]
seta (f)	**šípka** (ž)	[ʃi:pka]
aviso (advertência)	**varování** (s)	[varova:ni:]
sinal (m) de aviso	**výstraha** (ž)	[vi:straha]
avisar, advertir (vt)	**upozorňovat**	[upozornʲovat]
dia (m) de folga	**volný den** (m)	[volni: dɛn]

horário (~ dos trens, etc.)	**jízdní řád** (m)	[ji:zdni: rʒa:t]
horário (m)	**pracovní doba** (ž)	[pratsovni: doba]
BEM-VINDOS!	**VÍTEJTE!**	[vi:tɛjtɛ]
ENTRADA	**VCHOD**	[vxot]
SAÍDA	**VÝCHOD**	[vi:xot]
EMPURRE	**TAM**	[tam]
PUXE	**SEM**	[sɛm]
ABERTO	**OTEVŘENO**	[otɛvrʒɛno]
FECHADO	**ZAVŘENO**	[zavrʒɛno]
MULHER	**ŽENY**	[ʒenɪ]
HOMEM	**MUŽI**	[muʒɪ]
DESCONTOS	**SLEVY**	[slɛvɪ]
SALDOS, PROMOÇÃO	**VÝPRODEJ**	[vi:prodɛj]
NOVIDADE!	**NOVINKA!**	[novɪŋka]
GRÁTIS	**ZDARMA**	[zdarma]
ATENÇÃO!	**POZOR!**	[pozor]
NÃO HÁ VAGAS	**VOLNÁ MÍSTA NEJSOU**	[volna: mi:sta nɛjsou]
RESERVADO	**ZADÁNO**	[zada:no]
ADMINISTRAÇÃO	**KANCELÁŘ**	[kantsɛla:rʒ]
SOMENTE PESSOAL AUTORIZADO	**POUZE PRO PERSONÁL**	[pouzɛ pro pɛrsona:l]
CUIDADO CÃO FEROZ	**POZOR! ZLÝ PES**	[pozor zli: pɛs]
PROIBIDO FUMAR!	**ZÁKAZ KOUŘENÍ**	[za:kaz kourʒɛni:]
NÃO TOCAR	**NEDOTÝKEJTE SE!**	[nɛdoti:kɛjtɛ sɛ]
PERIGOSO	**NEBEZPEČNÉ**	[nɛbɛzpɛtʃnɛ:]
PERIGO	**NEBEZPEČÍ**	[nɛbɛzpɛtʃi:]
ALTA TENSÃO	**VYSOKÉ NAPĚTÍ**	[vɪsokɛ: napeti:]
PROIBIDO NADAR	**KOUPÁNÍ ZAKÁZÁNO**	[koupa:ni: zaka:za:no]
COM DEFEITO	**MIMO PROVOZ**	[mɪmo provoz]
INFLAMÁVEL	**VYSOCE HOŘLAVÝ**	[vɪsotsɛ horʒlavi:]
PROIBIDO	**ZÁKAZ**	[za:kaz]
ENTRADA PROIBIDA	**PRŮCHOD ZAKÁZÁN**	[pru:xot zaka:za:n]
CUIDADO TINTA FRESCA	**ČERSTVĚ NATŘENO**	[tʃɛrstve natrʃɛno]

56. Transportes urbanos

ônibus (m)	**autobus** (m)	[autobus]
bonde (m) elétrico	**tramvaj** (ž)	[tramvaj]
trólebus (m)	**trolejbus** (m)	[trolɛjbus]
rota (f), itinerário (m)	**trasa** (ž)	[trasa]
número (m)	**číslo** (s)	[tʃi:slo]
ir de ... (carro, etc.)	**jet**	[jɛt]
entrar no ...	**nastoupit do ...**	[nastoupɪt do]
descer do ...	**vystoupit z ...**	[vɪstoupɪt z]

parada (f)	**zastávka** (ž)	[zasta:fka]
próxima parada (f)	**příští zastávka** (ž)	[prʃi:ʃti: zasta:fka]
terminal (m)	**konečná stanice** (ž)	[konɛʧna: stanɪʦɛ]
horário (m)	**jízdní řád** (m)	[ji:zdni: rʒa:t]
esperar (vt)	**čekat**	[ʧɛkat]
passagem (f)	**jízdenka** (ž)	[ji:zdɛŋka]
tarifa (f)	**jízdné** (s)	[ji:zdnɛ:]
bilheteiro (m)	**pokladník** (m)	[pokladni:k]
controle (m) de passagens	**kontrola** (ž)	[kontrola]
revisor (m)	**revizor** (m)	[rɛvɪzor]
atrasar-se (vr)	**mít zpoždění**	[mi:t spoʒdɛni:]
perder (o autocarro, etc.)	**opozdit se**	[opozdɪt sɛ]
estar com pressa	**pospíchat**	[pospi:xat]
táxi (m)	**taxík** (m)	[taksi:k]
taxista (m)	**taxikář** (m)	[taksɪka:rʃ]
de táxi (ir ~)	**taxíkem**	[taksi:kɛm]
ponto (m) de táxis	**stanoviště** (s) **taxíků**	[stanovɪʃte taksi:ku:]
chamar um táxi	**zavolat taxíka**	[zavolat taksi:ka]
pegar um táxi	**vzít taxíka**	[vzi:t taksi:ka]
tráfego (m)	**uliční provoz** (m)	[ulɪʧni: provoz]
engarrafamento (m)	**zácpa** (ž)	[za:ʦpa]
horas (f pl) de pico	**špička** (ž)	[ʃpɪʧka]
estacionar (vi)	**parkovat se**	[parkovat sɛ]
estacionar (vt)	**parkovat**	[parkovat]
parque (m) de estacionamento	**parkoviště** (s)	[parkovɪʃte]
metrô (m)	**metro** (s)	[mɛtro]
estação (f)	**stanice** (ž)	[stanɪʦɛ]
ir de metrô	**jet metrem**	[jɛt mɛtrɛm]
trem (m)	**vlak** (m)	[vlak]
estação (f) de trem	**nádraží** (s)	[na:draʒi:]

57. Turismo

monumento (m)	**památka** (ž)	[pama:tka]
fortaleza (f)	**pevnost** (ž)	[pɛvnost]
palácio (m)	**palác** (m)	[pala:ʦ]
castelo (m)	**zámek** (m)	[za:mɛk]
torre (f)	**věž** (ž)	[veʃ]
mausoléu (m)	**mauzoleum** (s)	[mauzolɛum]
arquitetura (f)	**architektura** (ž)	[arxɪtɛktura]
medieval (adj)	**středověký**	[strʃɛdoveki:]
antigo (adj)	**starobylý**	[starobɪli:]
nacional (adj)	**národní**	[na:rodni:]
famoso, conhecido (adj)	**známý**	[zna:mi:]
turista (m)	**turista** (m)	[turɪsta]
guia (pessoa)	**průvodce** (m)	[pru:vodʦɛ]

excursão (f)	**výlet** (m)	[vi:lɛt]
mostrar (vt)	**ukazovat**	[ukazovat]
contar (vt)	**povídat**	[povi:dat]
encontrar (vt)	**najít**	[naji:t]
perder-se (vr)	**ztratit se**	[stratɪʦɛ]
mapa (~ do metrô)	**plán** (m)	[pla:n]
mapa (~ da cidade)	**plán** (m)	[pla:n]
lembrança (f), presente (m)	**suvenýr** (m)	[suvɛni:r]
loja (f) de presentes	**prodejna** (ž) **suvenýrů**	[prodɛjna suvɛni:ru:]
tirar fotos, fotografar	**fotografovat**	[fotografovat]
fotografar-se (vr)	**fotografovat se**	[fotografovat sɛ]

58. Compras

comprar (vt)	**kupovat**	[kupovat]
compra (f)	**nákup** (m)	[na:kup]
fazer compras	**dělat nákupy**	[delat na:kupɪ]
compras (f pl)	**nakupování** (s)	[nakupova:ni:]
estar aberta (loja)	**být otevřen**	[bi:t otɛvrʒɛn]
estar fechada	**být zavřen**	[bi:t zavrʒɛn]
calçado (m)	**obuv** (ž)	[obuf]
roupa (f)	**oblečení** (s)	[oblɛʧɛni:]
cosméticos (m pl)	**kosmetika** (ž)	[kosmɛtɪka]
alimentos (m pl)	**potraviny** (ž mn)	[potravɪnɪ]
presente (m)	**dárek** (m)	[da:rɛk]
vendedor (m)	**prodavač** (m)	[prodavaʧ]
vendedora (f)	**prodavačka** (ž)	[prodavaʧka]
caixa (f)	**pokladna** (ž)	[pokladna]
espelho (m)	**zrcadlo** (s)	[zrʦadlo]
balcão (m)	**pult** (m)	[pult]
provador (m)	**zkušební kabinka** (ž)	[skuʃɛbni: kabɪŋka]
provar (vt)	**zkusit**	[skusɪt]
servir (roupa, caber)	**hodit se**	[hodɪt sɛ]
gostar (apreciar)	**líbit se**	[li:bɪt sɛ]
preço (m)	**cena** (ž)	[ʦɛna]
etiqueta (f) de preço	**cenovka** (ž)	[ʦɛnofka]
custar (vt)	**stát**	[sta:t]
Quanto?	**Kolik?**	[kolɪk]
desconto (m)	**sleva** (ž)	[slɛva]
não caro (adj)	**levný**	[lɛvni:]
barato (adj)	**levný**	[lɛvni:]
caro (adj)	**drahý**	[drahi:]
É caro	**To je drahé**	[to jɛ drahɛ:]
aluguel (m)	**půjčování** (s)	[pu:jʧova:ni:]
alugar (roupas, etc.)	**vypůjčit si**	[vɪpu:jʧɪt sɪ]

crédito (m)	**úvěr** (m)	[u:ver]
a crédito	**na splátky**	[na spla:tkɪ]

59. Dinheiro

dinheiro (m)	**peníze** (m mn)	[pɛni:zɛ]
câmbio (m)	**výměna** (ž)	[vi:mnena]
taxa (f) de câmbio	**kurz** (m)	[kurs]
caixa (m) eletrônico	**bankomat** (m)	[baŋkomat]
moeda (f)	**mince** (ž)	[mɪntsɛ]
dólar (m)	**dolar** (m)	[dolar]
euro (m)	**euro** (s)	[ɛuro]
lira (f)	**lira** (ž)	[lɪra]
marco (m)	**marka** (ž)	[marka]
franco (m)	**frank** (m)	[fraŋk]
libra (f) esterlina	**libra** (ž) **šterlinků**	[lɪbra ʃtɛrlɪŋku:]
iene (m)	**jen** (m)	[jɛn]
dívida (f)	**dluh** (m)	[dlux]
devedor (m)	**dlužník** (m)	[dluʒni:k]
emprestar (vt)	**půjčit**	[pu:jtʃɪt]
pedir emprestado	**půjčit si**	[pu:jtʃɪt sɪ]
banco (m)	**banka** (ž)	[baŋka]
conta (f)	**účet** (m)	[u:tʃɛt]
depositar na conta	**uložit na účet**	[uloʒɪt na u:tʃɛt]
sacar (vt)	**vybrat z účtu**	[vɪbrat s u:tʃtu]
cartão (m) de crédito	**kreditní karta** (ž)	[krɛdɪtni: karta]
dinheiro (m) vivo	**hotové peníze** (m mn)	[hotovɛ: pɛni:zɛ]
cheque (m)	**šek** (m)	[ʃɛk]
passar um cheque	**vystavit šek**	[vɪstavɪt ʃɛk]
talão (m) de cheques	**šeková knížka** (ž)	[ʃɛkova: kni:ʃka]
carteira (f)	**náprsní taška** (ž)	[na:prsni: taʃka]
niqueleira (f)	**peněženka** (ž)	[pɛneʒeŋka]
cofre (m)	**trezor** (m)	[trɛzor]
herdeiro (m)	**dědic** (m)	[dedɪts]
herança (f)	**dědictví** (s)	[dedɪtstvi:]
fortuna (riqueza)	**majetek** (m)	[majɛtɛk]
arrendamento (m)	**nájem** (m)	[na:jɛm]
aluguel (pagar o ~)	**činže** (ž)	[tʃɪnʒe]
alugar (vt)	**pronajímat si**	[pronaji:mat sɪ]
preço (m)	**cena** (ž)	[tsɛna]
custo (m)	**cena** (ž)	[tsɛna]
soma (f)	**částka** (ž)	[tʃa:stka]
gastar (vt)	**utrácet**	[utra:tsɛt]
gastos (m pl)	**náklady** (m mn)	[na:kladɪ]

economizar (vi)	**šetřit**	[ʃɛtrʃɪt]
econômico (adj)	**úsporný**	[u:sporni:]
pagar (vt)	**platit**	[platɪt]
pagamento (m)	**platba** (ž)	[platba]
troco (m)	**peníze** (m mn) **nazpět**	[pɛni:zɛ naspet]
imposto (m)	**daň** (ž)	[danʲ]
multa (f)	**pokuta** (ž)	[pokuta]
multar (vt)	**pokutovat**	[pokutovat]

60. Correios. Serviço postal

agência (f) dos correios	**pošta** (ž)	[poʃta]
correio (m)	**pošta** (ž)	[poʃta]
carteiro (m)	**listonoš** (m)	[lɪstonoʃ]
horário (m)	**pracovní doba** (ž)	[pratsovni: doba]
carta (f)	**dopis** (m)	[dopɪs]
carta (f) registada	**doporučený dopis** (m)	[doporutʃɛni: dopɪs]
cartão (m) postal	**pohlednice** (ž)	[pohlɛdnɪtsɛ]
telegrama (m)	**telegram** (m)	[tɛlɛgram]
encomenda (f)	**balík** (m)	[bali:k]
transferência (f) de dinheiro	**peněžní poukázka** (ž)	[pɛneʒni: pouka:ska]
receber (vt)	**dostat**	[dostat]
enviar (vt)	**odeslat**	[odɛslat]
envio (m)	**odeslání** (s)	[odɛsla:ni:]
endereço (m)	**adresa** (ž)	[adrɛsa]
código (m) postal	**poštovní směrovací číslo** (s)	[poʃtovni: smnerovatsi: tʃi:slo]
remetente (m)	**odesílatel** (m)	[odɛsi:latɛl]
destinatário (m)	**příjemce** (m)	[prʃi:jɛmtsɛ]
nome (m)	**jméno** (s)	[jmɛ:no]
sobrenome (m)	**příjmení** (s)	[prʃi:jmɛni:]
tarifa (f)	**tarif** (m)	[tarɪf]
ordinário (adj)	**obyčejný**	[obɪtʃɛjni:]
econômico (adj)	**zlevněný**	[zlɛvneni:]
peso (m)	**váha** (ž)	[va:ha]
pesar (estabelecer o peso)	**vážit**	[va:ʒɪt]
envelope (m)	**obálka** (ž)	[oba:lka]
selo (m) postal	**známka** (ž)	[zna:mka]
colar o selo	**nalepovat známku**	[nalɛpovat zna:mku]

Moradia. Casa. Lar

61. Casa. Eletricidade

eletricidade (f)	**elektřina** (ž)	[ɛlɛktrʃɪna]
lâmpada (f)	**žárovka** (ž)	[ʒa:rofka]
interruptor (m)	**vypínač** (m)	[vɪpi:natʃ]
fusível, disjuntor (m)	**pojistka** (ž)	[pojɪstka]
fio, cabo (m)	**vodič** (m)	[vodɪtʃ]
instalação (f) elétrica	**vedení** (s)	[vɛdɛni:]
medidor (m) de eletricidade	**elektroměr** (m)	[ɛlɛktromner]
indicação (f), registro (m)	**údaj** (m)	[u:daj]

62. Moradia. Mansão

casa (f) de campo	**venkovský dům** (m)	[vɛŋkovski: du:m]
vila (f)	**vila** (ž)	[vɪla]
ala (~ do edifício)	**křídlo** (s)	[krʃi:dlo]
jardim (m)	**zahrada** (ž)	[zahrada]
parque (m)	**park** (m)	[park]
estufa (f)	**oranžérie** (ž)	[oranʒe:rɪe]
cuidar de ...	**zahradničit**	[zahradnɪtʃɪt]
piscina (f)	**bazén** (m)	[bazɛ:n]
academia (f) de ginástica	**tělocvična** (ž)	[telotsvɪtʃna]
quadra (f) de tênis	**tenisový kurt** (m)	[tɛnɪsovi: kurt]
cinema (m)	**biograf** (m)	[bɪograf]
garagem (f)	**garáž** (ž)	[gara:ʃ]
propriedade (f) privada	**soukromé vlastnictví** (s)	[soukromɛ: vlastnɪtstvi:]
terreno (m) privado	**soukromý pozemek** (m)	[soukromi: pozɛmɛk]
advertência (f)	**výstraha** (ž)	[vi:straha]
sinal (m) de aviso	**výstražný nápis** (m)	[vi:straʒni: na:pɪs]
guarda (f)	**stráž** (ž)	[stra:ʃ]
guarda (m)	**strážce** (m)	[stra:ʒtsɛ]
alarme (m)	**signalizace** (ž)	[sɪgnalɪzatsɛ]

63. Apartamento

apartamento (m)	**byt** (m)	[bɪt]
quarto, cômodo (m)	**pokoj** (m)	[pokoj]
quarto (m) de dormir	**ložnice** (ž)	[loʒnɪtsɛ]

sala (f) de jantar	**jídelna** (ž)	[ji:dɛlna]
sala (f) de estar	**přijímací pokoj** (m)	[prʃɪji:matsi: pokoj]
escritório (m)	**pracovna** (ž)	[pratsovna]
sala (f) de entrada	**předsíň** (ž)	[prʃɛtsi:nʲ]
banheiro (m)	**koupelna** (ž)	[koupɛlna]
lavabo (m)	**záchod** (m)	[za:xot]
teto (m)	**strop** (m)	[strop]
chão, piso (m)	**podlaha** (ž)	[podlaha]
canto (m)	**kout** (m)	[kout]

64. Mobiliário. Interior

mobiliário (m)	**nábytek** (m)	[na:bɪtɛk]
mesa (f)	**stůl** (m)	[stu:l]
cadeira (f)	**židle** (ž)	[ʒɪdlɛ]
cama (f)	**lůžko** (s)	[lu:ʃko]
sofá, divã (m)	**pohovka** (ž)	[pohofka]
poltrona (f)	**křeslo** (s)	[krʃɛslo]
estante (f)	**knihovna** (ž)	[knɪhovna]
prateleira (f)	**police** (ž)	[polɪtsɛ]
guarda-roupas (m)	**skříň** (ž)	[skrʃi:nʲ]
cabide (m) de parede	**předsíňový věšák** (m)	[prʃɛdsi:novi: vɛʃa:k]
cabideiro (m) de pé	**stojanový věšák** (m)	[stojanovi: vɛʃa:k]
cômoda (f)	**prádelník** (m)	[pra:dɛlni:k]
mesinha (f) de centro	**konferenční stolek** (m)	[konfɛrɛntʃni: stolɛk]
espelho (m)	**zrcadlo** (s)	[zrtsadlo]
tapete (m)	**koberec** (m)	[kobɛrɛts]
tapete (m) pequeno	**kobereček** (m)	[kobɛrɛtʃɛk]
lareira (f)	**krb** (m)	[krp]
vela (f)	**svíce** (ž)	[svi:tsɛ]
castiçal (m)	**svícen** (m)	[svi:tsɛn]
cortinas (f pl)	**záclony** (ž mn)	[za:tslonɪ]
papel (m) de parede	**tapety** (ž mn)	[tapɛtɪ]
persianas (f pl)	**žaluzie** (ž)	[ʒaluzɪe]
luminária (f) de mesa	**stolní lampa** (ž)	[stolni: lampa]
luminária (f) de parede	**svítidlo** (s)	[svi:tɪdlo]
abajur (m) de pé	**stojací lampa** (ž)	[stojatsi: lampa]
lustre (m)	**lustr** (m)	[lustr]
pé (de mesa, etc.)	**noha** (ž)	[noha]
braço, descanso (m)	**područka** (ž)	[podrutʃka]
costas (f pl)	**opěradlo** (s)	[operadlo]
gaveta (f)	**zásuvka** (ž)	[za:sufka]

65. Quarto de dormir

roupa (f) de cama	**ložní prádlo** (s)	[loʒni: pra:dlo]
travesseiro (m)	**polštář** (m)	[polʃta:rʃ]
fronha (f)	**povlak** (m) **na polštář**	[povlak na polʃta:rʒ]
cobertor (m)	**deka** (ž)	[dɛka]
lençol (m)	**prostěradlo** (s)	[prosteradlo]
colcha (f)	**přikrývka** (ž)	[prʃɪkri:fka]

66. Cozinha

cozinha (f)	**kuchyně** (ž)	[kuxɪne]
gás (m)	**plyn** (m)	[plɪn]
fogão (m) a gás	**plynový sporák** (m)	[plɪnovi: spora:k]
fogão (m) elétrico	**elektrický sporák** (m)	[ɛlɛktrɪʦki: spora:k]
forno (m)	**trouba** (ž)	[trouba]
forno (m) de micro-ondas	**mikrovlnná pec** (ž)	[mɪkrovlnna: pɛʦ]
geladeira (f)	**lednička** (ž)	[lɛdnɪʧka]
congelador (m)	**mrazicí komora** (ž)	[mrazɪʦi: komora]
máquina (f) de lavar louça	**myčka** (ž) **nádobí**	[mɪʧka na:dobi:]
moedor (m) de carne	**mlýnek** (m) **na maso**	[mli:nɛk na maso]
espremedor (m)	**odšťavňovač** (m)	[otʃtʲavnʲovaʧ]
torradeira (f)	**opékač** (m) **topinek**	[opɛ:kaʧ topɪnɛk]
batedeira (f)	**mixér** (m)	[mɪksɛ:r]
máquina (f) de café	**kávovar** (m)	[ka:vovar]
cafeteira (f)	**konvice** (ž) **na kávu**	[konvɪʦɛ na ka:vu]
moedor (m) de café	**mlýnek** (m) **na kávu**	[mli:nɛk na ka:vu]
chaleira (f)	**čajník** (m)	[ʧajni:k]
bule (m)	**čajová konvice** (ž)	[ʧajova: konvɪʦɛ]
tampa (f)	**poklička** (ž)	[poklɪʧka]
coador (m) de chá	**cedítko** (s)	[ʦɛdi:tko]
colher (f)	**lžíce** (ž)	[lʒi:ʦɛ]
colher (f) de chá	**kávová lžička** (ž)	[ka:vova: lʒɪʧka]
colher (f) de sopa	**polévková lžíce** (ž)	[polɛ:fkova: lʒi:ʦɛ]
garfo (m)	**vidlička** (ž)	[vɪdlɪʧka]
faca (f)	**nůž** (m)	[nu:ʃ]
louça (f)	**nádobí** (s)	[na:dobi:]
prato (m)	**talíř** (m)	[tali:rʃ]
pires (m)	**talířek** (m)	[tali:rʒɛk]
cálice (m)	**sklenička** (ž)	[sklɛnɪʧka]
copo (m)	**sklenice** (ž)	[sklɛnɪʦɛ]
xícara (f)	**šálek** (m)	[ʃa:lɛk]
açucareiro (m)	**cukřenka** (ž)	[ʦukrʃɛŋka]
saleiro (m)	**solnička** (ž)	[solnɪʧka]
pimenteiro (m)	**pepřenka** (ž)	[pɛprʃɛŋka]

manteigueira (f)	**nádobka** (ž) **na máslo**	[na:dopka na ma:slo]
panela (f)	**hrnec** (m)	[hrnɛʦ]
frigideira (f)	**pánev** (ž)	[pa:nɛf]
concha (f)	**naběračka** (ž)	[naberaʧka]
coador (m)	**cedník** (m)	[ʦɛdni:k]
bandeja (f)	**podnos** (m)	[podnos]
garrafa (f)	**láhev** (ž)	[la:hɛf]
pote (m) de vidro	**sklenice** (ž)	[sklɛnɪʦɛ]
lata (~ de cerveja)	**plechovka** (ž)	[plɛxofka]
abridor (m) de garrafa	**otvírač** (m) **lahví**	[otvi:raʧ lahvi:]
abridor (m) de latas	**otvírač** (m) **konzerv**	[otvi:raʧ konzɛrf]
saca-rolhas (m)	**vývrtka** (ž)	[vi:vrtka]
filtro (m)	**filtr** (m)	[fɪltr]
filtrar (vt)	**filtrovat**	[fɪltrovat]
lixo (m)	**odpadky** (m mn)	[otpatki:]
lixeira (f)	**kbelík** (m) **na odpadky**	[gbɛli:k na otpatkɪ]

67. Casa de banho

banheiro (m)	**koupelna** (ž)	[koupɛlna]
água (f)	**voda** (ž)	[voda]
torneira (f)	**kohout** (m)	[kohout]
água (f) quente	**teplá voda** (ž)	[tɛpla: voda]
água (f) fria	**studená voda** (ž)	[studɛna: voda]
pasta (f) de dente	**zubní pasta** (ž)	[zubni: pasta]
escovar os dentes	**čistit si zuby**	[ʧɪstɪt sɪ zubɪ]
barbear-se (vr)	**holit se**	[holɪt sɛ]
espuma (f) de barbear	**pěna** (ž) **na holení**	[pena na holɛni:]
gilete (f)	**holicí strojek** (m)	[holɪʦi: strojɛk]
lavar (vt)	**mýt**	[mi:t]
tomar banho	**mýt se**	[mi:t sɛ]
chuveiro (m), ducha (f)	**sprcha** (ž)	[sprxa]
tomar uma ducha	**sprchovat se**	[sprxovat sɛ]
banheira (f)	**vana** (ž)	[vana]
vaso (m) sanitário	**záchodová mísa** (ž)	[za:xodova: mi:sa]
pia (f)	**umývadlo** (s)	[umi:vadlo]
sabonete (m)	**mýdlo** (m)	[mi:dlo]
saboneteira (f)	**miska** (ž) **na mýdlo**	[mɪska na mi:dlo]
esponja (f)	**mycí houba** (ž)	[mɪʦi: houba]
xampu (m)	**šampon** (m)	[ʃampon]
toalha (f)	**ručník** (m)	[ruʧni:k]
roupão (m) de banho	**župan** (m)	[ʒupan]
lavagem (f)	**praní** (s)	[prani:]
lavadora (f) de roupas	**pračka** (ž)	[praʧka]

lavar a roupa	**prát**	[pra:t]
detergente (m)	**prací prášek** (m)	[pratsi: pra:ʃɛk]

68. Eletrodomésticos

televisor (m)	**televizor** (m)	[tɛlɛvɪzor]
gravador (m)	**magnetofon** (m)	[magnɛtofon]
videogravador (m)	**videomagnetofon** (m)	[vɪdɛomagnɛtofon]
rádio (m)	**přijímač** (m)	[prʃɪji:matʃ]
leitor (m)	**přehrávač** (m)	[prʃɛhra:vatʃ]
projetor (m)	**projektor** (m)	[projɛktor]
cinema (m) em casa	**domácí biograf** (m)	[doma:tsi: bɪograf]
DVD Player (m)	**DVD přehrávač** (m)	[dɛvɛdɛ prʃɛhra:vatʃ]
amplificador (m)	**zesilovač** (m)	[zɛsɪlovatʃ]
console (f) de jogos	**hrací přístroj** (m)	[hratsi: prʃi:stroj]
câmera (f) de vídeo	**videokamera** (ž)	[vɪdɛokamɛra]
máquina (f) fotográfica	**fotoaparát** (m)	[fotoapara:t]
câmera (f) digital	**digitální fotoaparát** (m)	[dɪgɪta:lni: fotoapara:t]
aspirador (m)	**vysavač** (m)	[vɪsavatʃ]
ferro (m) de passar	**žehlička** (ž)	[ʒehlɪtʃka]
tábua (f) de passar	**žehlicí prkno** (s)	[ʒehlɪtsi: prkno]
telefone (m)	**telefon** (m)	[tɛlɛfon]
celular (m)	**mobilní telefon** (m)	[mobɪlni: tɛlɛfon]
máquina (f) de escrever	**psací stroj** (m)	[psatsi: stroj]
máquina (f) de costura	**šicí stroj** (m)	[ʃɪtsi: stroj]
microfone (m)	**mikrofon** (m)	[mɪkrofon]
fone (m) de ouvido	**sluchátka** (s mn)	[sluxa:tka]
controle remoto (m)	**ovládač** (m)	[ovla:datʃ]
CD (m)	**CD disk** (m)	[tsɛ:dɛ: dɪsk]
fita (f) cassete	**kazeta** (ž)	[kazɛta]
disco (m) de vinil	**deska** (ž)	[dɛska]

ATIVIDADES HUMANAS

Emprego. Negócios. Parte 1

69. Escritório. O trabalho no escritório

escritório (~ de advogados)	**kancelář** (ž)	[kantsɛla:rʃ]
escritório (do diretor, etc.)	**pracovna** (ž)	[pratsovna]
recepção (f)	**recepce** (ž)	[rɛtsɛptsɛ]
secretário (m)	**sekretář** (m)	[sɛkrɛta:rʃ]
diretor (m)	**ředitel** (m)	[rʒɛdɪtɛl]
gerente (m)	**manažer** (m)	[manaʒer]
contador (m)	**účetní** (m, ž)	[u:tʃɛtni:]
empregado (m)	**zaměstnanec** (m)	[zamnestnanɛts]
mobiliário (m)	**nábytek** (m)	[na:bɪtɛk]
mesa (f)	**stůl** (m)	[stu:l]
cadeira (f)	**křeslo** (s)	[krʃɛslo]
gaveteiro (m)	**zásuvkový díl** (ž)	[za:sufkovi: di:l]
cabideiro (m) de pé	**věšák** (m)	[veʃa:k]
computador (m)	**počítač** (m)	[potʃi:tatʃ]
impressora (f)	**tiskárna** (ž)	[tɪska:rna]
fax (m)	**fax** (m)	[faks]
fotocopiadora (f)	**kopírovací přístroj** (m)	[kopi:rovatsi: prʃi:stroj]
papel (m)	**papír** (m)	[papi:r]
artigos (m pl) de escritório	**kancelářské potřeby** (ž mn)	[kantsɛlarʃskɛ: potrʃɛbɪ]
tapete (m) para mouse	**podložka** (ž) **pro myš**	[podloʃka pro mɪʃ]
folha (f)	**list** (m)	[lɪst]
pasta (f)	**fascikl** (m)	[fastsɪkl]
catálogo (m)	**katalog** (m)	[katalok]
lista (f) telefônica	**příručka** (ž)	[prʃi:rutʃka]
documentação (f)	**dokumentace** (ž)	[dokumɛntatsɛ]
brochura (f)	**brožura** (ž)	[broʒura]
panfleto (m)	**leták** (m)	[lɛta:k]
amostra (f)	**vzor** (m)	[vzor]
formação (f)	**trénink** (m)	[trɛ:nɪŋk]
reunião (f)	**porada** (ž)	[porada]
hora (f) de almoço	**polední přestávka** (ž)	[polɛdni: prʃɛsta:fka]
fazer uma cópia	**dělat kopii**	[delat kopɪjɪ]
tirar cópias	**rozmnožit**	[rozmnoʒɪt]
receber um fax	**přijímat fax**	[prʃɪji:mat faks]
enviar um fax	**odesílat fax**	[odɛsi:lat faks]
fazer uma chamada	**zavolat**	[zavolat]

responder (vt)	**odpovědět**	[otpovedet]
passar (vt)	**spojit**	[spojɪt]
marcar (vt)	**stanovovat**	[stanovovat]
demonstrar (vt)	**demonstrovat**	[dɛmonstrovat]
estar ausente	**být nepřítomen**	[bi:t nɛprʃi:tomɛn]
ausência (f)	**absence** (ž)	[apsɛntsɛ]

70. Processos negociais. Parte 1

ocupação (f)	**práce** (ž)	[pra:tsɛ]
firma, empresa (f)	**firma** (ž)	[fɪrma]
companhia (f)	**společnost** (ž)	[spolɛtʃnost]
corporação (f)	**korporace** (ž)	[korporatsɛ]
empresa (f)	**podnik** (m)	[podnɪk]
agência (f)	**agentura** (ž)	[agɛntura]
acordo (documento)	**smlouva** (ž)	[smlouva]
contrato (m)	**kontrakt** (m)	[kontrakt]
acordo (transação)	**obchod** (m)	[obxot]
pedido (m)	**objednávka** (ž)	[objɛdna:fka]
termos (m pl)	**podmínka** (ž)	[podmi:ŋka]
por atacado	**ve velkém**	[vɛ vɛlkɛ:m]
por atacado (adj)	**velkoobchodní**	[vɛlkoobxodni:]
venda (f) por atacado	**prodej** (m) **ve velkém**	[prodɛj vɛ vɛlkɛ:m]
a varejo	**maloobchodní**	[maloobxodni:]
venda (f) a varejo	**prodej** (m) **v drobném**	[prodɛj v drobnɛ:m]
concorrente (m)	**konkurent** (m)	[koŋkurɛnt]
concorrência (f)	**konkurence** (ž)	[koŋkurɛntsɛ]
competir (vi)	**konkurovat**	[koŋkurovat]
sócio (m)	**partner** (m)	[partnɛr]
parceria (f)	**partnerství** (s)	[partnɛrstvi:]
crise (f)	**krize** (ž)	[krɪzɛ]
falência (f)	**bankrot** (m)	[baŋkrot]
entrar em falência	**zbankrotovat**	[zbaŋkrotovat]
dificuldade (f)	**potíž** (ž)	[poti:ʃ]
problema (m)	**problém** (m)	[problɛ:m]
catástrofe (f)	**katastrofa** (ž)	[katastrofa]
economia (f)	**ekonomika** (ž)	[ɛkonomɪka]
econômico (adj)	**ekonomický**	[ɛkonomɪtski:]
recessão (f) econômica	**hospodářský pokles** (m)	[hospoda:rʃski: poklɛs]
objetivo (m)	**cíl** (m)	[tsi:l]
tarefa (f)	**úkol** (m)	[u:kol]
comerciar (vi, vt)	**obchodovat**	[obxodovat]
rede (de distribuição)	**síť** (ž)	[si:tʲ]
estoque (m)	**sklad** (m)	[sklat]
sortimento (m)	**sortiment** (m)	[sortɪmɛnt]

líder (m)	**předák** (m)	[prʃɛda:k]
grande (~ empresa)	**velký**	[vɛlki:]
monopólio (m)	**monopol** (m)	[monopol]
teoria (f)	**teorie** (ž)	[tɛorɪe]
prática (f)	**praxe** (ž)	[praksɛ]
experiência (f)	**zkušenost** (ž)	[skuʃɛnost]
tendência (f)	**tendence** (ž)	[tɛndɛntsɛ]
desenvolvimento (m)	**rozvoj** (m)	[rozvoj]

71. Processos negociais. Parte 2

rentabilidade (f)	**výhoda** (ž)	[vi:hoda]
rentável (adj)	**výhodný**	[vi:hodni:]
delegação (f)	**delegace** (ž)	[dɛlɛgatsɛ]
salário, ordenado (m)	**mzda** (ž)	[mzda]
corrigir (~ um erro)	**opravovat**	[opravovat]
viagem (f) de negócios	**služební cesta** (ž)	[sluʒebni: tsɛsta]
comissão (f)	**komise** (ž)	[komɪsɛ]
controlar (vt)	**kontrolovat**	[kontrolovat]
conferência (f)	**konference** (ž)	[konfɛrɛntsɛ]
licença (f)	**licence** (ž)	[lɪtsɛntsɛ]
confiável (adj)	**spolehlivý**	[spolɛhlɪvi:]
empreendimento (m)	**iniciativa** (ž)	[ɪnɪtsɪatɪva]
norma (f)	**norma** (ž)	[norma]
circunstância (f)	**okolnost** (ž)	[okolnost]
dever (do empregado)	**povinnost** (ž)	[povɪnnost]
empresa (f)	**organizace** (ž)	[organɪzatsɛ]
organização (f)	**organizace** (ž)	[organɪzatsɛ]
organizado (adj)	**organizovaný**	[organɪzovani:]
anulação (f)	**zrušení** (s)	[zruʃɛni:]
anular, cancelar (vt)	**zrušit**	[zruʃɪt]
relatório (m)	**zpráva** (ž)	[spra:va]
patente (f)	**patent** (m)	[patɛnt]
patentear (vt)	**patentovat**	[patɛntovat]
planejar (vt)	**plánovat**	[pla:novat]
bônus (m)	**prémie** (ž)	[prɛ:mɪe]
profissional (adj)	**profesionální**	[profɛsɪona:lni:]
procedimento (m)	**procedura** (ž)	[protsɛdura]
examinar (~ a questão)	**projednat**	[projɛdnat]
cálculo (m)	**výpočet** (m)	[vi:potʃɛt]
reputação (f)	**reputace** (ž)	[rɛputatsɛ]
risco (m)	**riziko** (s)	[rɪzɪko]
dirigir (~ uma empresa)	**řídit**	[rʒi:dɪt]
informação (f)	**údaje** (m mn)	[u:dajɛ]
propriedade (f)	**vlastnictví** (s)	[vlastnɪtstvi:]

união (f)	**unie** (ž)	[unɪe]
seguro (m) de vida	**pojištění** (s) **života**	[pojɪʃteni: ʒɪvota]
fazer um seguro	**pojišťovat**	[pojɪʃtʲovat]
seguro (m)	**pojistka** (ž)	[pojɪstka]
leilão (m)	**dražba** (ž)	[draʒba]
notificar (vt)	**uvědomit**	[uvedomɪt]
gestão (f)	**řízení** (s)	[rʒi:zɛni:]
serviço (indústria de ~s)	**služba** (ž)	[sluʒba]
fórum (m)	**fórum** (s)	[fo:rum]
funcionar (vi)	**fungovat**	[fungovat]
estágio (m)	**etapa** (ž)	[ɛtapa]
jurídico, legal (adj)	**právnický**	[pra:vnɪʦki:]
advogado (m)	**právník** (m)	[pra:vni:k]

72. Produção. Trabalhos

usina (f)	**závod** (m)	[za:vot]
fábrica (f)	**továrna** (ž)	[tova:rna]
oficina (f)	**dílna** (ž)	[di:lna]
local (m) de produção	**podnik** (m)	[podnɪk]
indústria (f)	**průmysl** (m)	[pru:mɪsl]
industrial (adj)	**průmyslový**	[pru:mɪslovi:]
indústria (f) pesada	**těžký průmysl** (m)	[teʃki: pru:mɪsl]
indústria (f) ligeira	**lehký průmysl** (m)	[lɛhki: pru:mɪsl]
produção (f)	**výroba** (ž)	[vi:roba]
produzir (vt)	**vyrábět**	[vɪra:bet]
matérias-primas (f pl)	**surovina** (ž)	[surovɪna]
chefe (m) de obras	**četař** (m)	[ʧɛtarʃ]
equipe (f)	**brigáda** (ž)	[brɪga:da]
operário (m)	**dělník** (m)	[delni:k]
dia (m) de trabalho	**pracovní den** (m)	[praʦovni: dɛn]
intervalo (m)	**přestávka** (ž)	[prʃɛsta:fka]
reunião (f)	**schůze** (ž)	[sxu:zɛ]
discutir (vt)	**projednávat**	[projɛdna:vat]
plano (m)	**plán** (m)	[pla:n]
cumprir o plano	**plnit plán**	[plnɪt pla:n]
taxa (f) de produção	**norma** (ž)	[norma]
qualidade (f)	**kvalita** (ž)	[kvalɪta]
controle (m)	**kontrola** (ž)	[kontrola]
controle (m) da qualidade	**kontrola** (ž) **kvality**	[kontrola kvalɪtɪ]
segurança (f) no trabalho	**bezpečnost** (ž) **práce**	[bɛzpɛʧnost pra:ʦɛ]
disciplina (f)	**kázeň** (ž)	[ka:zɛnʲ]
infração (f)	**přestupek** (m)	[prʃɛstupɛk]
violar (as regras)	**nedodržovat**	[nɛdodrʒovat]
greve (f)	**stávka** (ž)	[sta:fka]
grevista (m)	**stávkující** (m)	[sta:fkuji:ʦi:]

estar em greve	**stávkovat**	[sta:fkovat]
sindicato (m)	**odbory** (m)	[odborɪ]
inventar (vt)	**vynalézat**	[vɪnalɛ:zat]
invenção (f)	**vynález** (m)	[vɪnalɛ:z]
pesquisa (f)	**výzkum** (m)	[vi:skum]
melhorar (vt)	**zlepšovat**	[zlɛpʃovat]
tecnologia (f)	**technologie** (ž)	[tɛxnologɪe]
desenho (m) técnico	**výkres** (m)	[vi:krɛs]
carga (f)	**náklad** (m)	[na:klat]
carregador (m)	**nakládač** (m)	[nakla:datʃ]
carregar (o caminhão, etc.)	**nakládat**	[nakla:dat]
carregamento (m)	**nakládání** (s)	[nakla:da:ni:]
descarregar (vt)	**vykládat**	[vɪkla:dat]
descarga (f)	**vykládání** (s)	[vɪkla:da:ni:]
transporte (m)	**doprava** (ž)	[doprava]
companhia (f) de transporte	**dopravní společnost** (ž)	[dopravni: spolɛtʃnost]
transportar (vt)	**dopravovat**	[dopravovat]
vagão (m) de carga	**nákladní vůz** (m)	[na:kladni: vu:z]
tanque (m)	**cisterna** (ž)	[tsɪstɛrna]
caminhão (m)	**nákladní auto** (s)	[na:kladni: auto]
máquina (f) operatriz	**stroj** (m)	[stroj]
mecanismo (m)	**mechanismus** (m)	[mɛxanɪzmus]
resíduos (m pl) industriais	**odpad** (m)	[otpat]
embalagem (f)	**balení** (s)	[balɛni:]
embalar (vt)	**zabalit**	[zabalɪt]

73. Contrato. Acordo

contrato (m)	**kontrakt** (m)	[kontrakt]
acordo (m)	**dohoda** (ž)	[dohoda]
adendo, anexo (m)	**příloha** (ž)	[prʃi:loha]
assinar o contrato	**uzavřít kontrakt**	[uzavrʒi:t kontrakt]
assinatura (f)	**podpis** (m)	[potpɪs]
assinar (vt)	**podepsat**	[podɛpsat]
carimbo (m)	**razítko** (s)	[razi:tko]
objeto (m) do contrato	**předmět** (m) **smlouvy**	[prʃɛdmnet smlouvɪ]
cláusula (f)	**bod** (m)	[bot]
partes (f pl)	**strany** (ž mn)	[stranɪ]
domicílio (m) legal	**sídlo** (s)	[si:dlo]
violar o contrato	**porušit kontrakt**	[poruʃɪt kontrakt]
obrigação (f)	**závazek** (m)	[za:vazɛk]
responsabilidade (f)	**odpovědnost** (ž)	[otpovednost]
força (f) maior	**vyšší moc** (ž)	[vɪʃi: mots]
litígio (m), disputa (f)	**spor** (m)	[spor]
multas (f pl)	**sankční pokuta** (ž)	[saŋktʃni: pokuta]

74. Importação & Exportação

importação (f)	**dovoz, import** (m)	[dovoz], [ɪmport]
importador (m)	**dovozce** (m)	[dovozʦɛ]
importar (vt)	**dovážet**	[dova:ʒet]
de importação	**dovozový**	[dovozovi:]
exportador (m)	**vývozce** (m)	[vi:vozʦɛ]
exportar (vt)	**vyvážet**	[vɪva:ʒet]
mercadoria (f)	**zboží** (s)	[zboʒi:]
lote (de mercadorias)	**partie** (ž)	[partɪe]
peso (m)	**váha** (ž)	[va:ha]
volume (m)	**objem** (m)	[objɛm]
metro (m) cúbico	**krychlový metr** (m)	[krɪxlovi: mɛtr]
produtor (m)	**výrobce** (m)	[vi:robʦɛ]
companhia (f) de transporte	**dopravní společnost** (ž)	[dopravni: spolɛʧnost]
contêiner (m)	**kontejner** (m)	[kontɛjnɛr]
fronteira (f)	**hranice** (ž)	[hranɪʦɛ]
alfândega (f)	**celnice** (ž)	[ʦɛlnɪʦɛ]
taxa (f) alfandegária	**clo** (s)	[ʦlo]
funcionário (m) da alfândega	**celník** (m)	[ʦɛlni:k]
contrabando (atividade)	**pašování** (s)	[paʃova:ni:]
contrabando (produtos)	**pašované zboží** (s mn)	[paʃovanɛ: zboʒi:]

75. Finanças

ação (f)	**akcie** (ž)	[akʦɪe]
obrigação (f)	**dluhopis** (m)	[dluhopɪs]
nota (f) promissória	**směnka** (ž)	[smneŋka]
bolsa (f) de valores	**burza** (ž)	[burza]
cotação (m) das ações	**kurz** (m) **akcií**	[kurs akʦɪji:]
tornar-se mais barato	**zlevnět**	[zlɛvnet]
tornar-se mais caro	**zdražit**	[zdraʒɪt]
parte (f)	**podíl** (m)	[podi:l]
participação (f) majoritária	**kontrolní balík** (m)	[kontrolni: bali:k]
investimento (m)	**investice** (ž mn)	[ɪnvɛstɪʦɛ]
investir (vt)	**investovat**	[ɪnvɛstovat]
porcentagem (f)	**procento** (s)	[proʦɛnto]
juros (m pl)	**úroky** (m mn)	[u:rokɪ]
lucro (m)	**zisk** (m)	[zɪsk]
lucrativo (adj)	**ziskový**	[zɪskovi:]
imposto (m)	**daň** (ž)	[danʲ]
divisa (f)	**měna** (ž)	[mnena]
nacional (adj)	**národní**	[na:rodni:]

câmbio (m)	**výměna** (ž)	[vi:mnena]
contador (m)	**účetní** (m, ž)	[u:ʧɛtni:]
contabilidade (f)	**účtárna** (ž)	[u:ʧta:rna]
falência (f)	**bankrot** (m)	[baŋkrot]
falência, quebra (f)	**krach** (m)	[krax]
ruína (f)	**bankrot** (m)	[baŋkrot]
estar quebrado	**zkrachovat**	[skraxovat]
inflação (f)	**inflace** (ž)	[ɪnflaʦɛ]
desvalorização (f)	**devalvace** (ž)	[dɛvalvaʦɛ]
capital (m)	**kapitál** (m)	[kapɪta:l]
rendimento (m)	**příjem** (m)	[prʃi:jɛm]
volume (m) de negócios	**obrat** (m)	[obrat]
recursos (m pl)	**zdroje** (m mn)	[zdrojɛ]
recursos (m pl) financeiros	**peněžní prostředky** (m mn)	[pɛneʒni: prostrʃɛtkɪ]
reduzir (vt)	**snížit**	[sni:ʒɪt]

76. Marketing

marketing (m)	**marketing** (m)	[markɛtɪŋk]
mercado (m)	**trh** (m)	[trx]
segmento (m) do mercado	**segment** (m) **trhu**	[sɛgmɛnt trhu]
produto (m)	**produkt** (m)	[produkt]
mercadoria (f)	**zboží** (s)	[zboʒi:]
marca (f)	**obchodní značka** (ž)	[obxodni: znaʧka]
logotipo (m)	**firemní značka** (ž)	[fɪrɛmni: znaʧka]
logo (m)	**logo** (s)	[logo]
demanda (f)	**poptávka** (ž)	[popta:fka]
oferta (f)	**nabídka** (ž)	[nabi:tka]
necessidade (f)	**potřeba** (ž)	[potrʃɛba]
consumidor (m)	**spotřebitel** (m)	[spotrʃɛbɪtɛl]
análise (f)	**analýza** (ž)	[anali:za]
analisar (vt)	**analyzovat**	[analɪzovat]
posicionamento (m)	**určování** (s) **pozice**	[urʧova:ni: pozɪʦɛ]
posicionar (vt)	**určovat pozici**	[urʧovat pozɪʦɪ]
preço (m)	**cena** (ž)	[ʦɛna]
política (f) de preços	**cenová politika** (ž)	[ʦɛnova: polɪtɪka]
formação (f) de preços	**tvorba** (ž) **cen**	[tvorba ʦɛn]

77. Publicidade

publicidade (f)	**reklama** (ž)	[rɛklama]
fazer publicidade	**dělat reklamu**	[delat rɛklamu]
orçamento (m)	**rozpočet** (m)	[rozpoʧɛt]
anúncio (m)	**reklama** (ž)	[rɛklama]
publicidade (f) na TV	**televizní reklama** (ž)	[tɛlɛvɪzni: rɛklama]

publicidade (f) na rádio	**rozhlasová reklama** (ž)	[rozhlasova: rɛklama]
publicidade (f) exterior	**venkovní reklama** (ž)	[vɛŋkovni: rɛklama]
comunicação (f) de massa	**média** (s mn)	[mɛ:dɪa]
periódico (m)	**periodikum** (s)	[pɛrɪodɪkum]
imagem (f)	**image** (ž)	[ɪmɪʤ]
slogan (m)	**heslo** (s)	[hɛslo]
mote (m), lema (f)	**heslo** (s)	[hɛslo]
campanha (f)	**kampaň** (ž)	[kampanʲ]
campanha (f) publicitária	**reklamní kampaň** (ž)	[rɛklamni: kampanʲ]
grupo (m) alvo	**cílové posluchačstvo** (s)	[ʦi:lovɛ: posluxaʧstvo]
cartão (m) de visita	**vizitka** (ž)	[vɪzɪtka]
panfleto (m)	**leták** (m)	[lɛta:k]
brochura (f)	**brožura** (ž)	[broʒura]
folheto (m)	**skládanka** (ž)	[skla:daŋka]
boletim (~ informativo)	**bulletin** (m)	[bɪltɛ:n]
letreiro (m)	**reklamní tabule** (ž)	[rɛklamni: tabulɛ]
cartaz, pôster (m)	**plakát** (m)	[plaka:t]
painel (m) publicitário	**billboard** (m)	[bɪlbo:rt]

78. Banca

banco (m)	**banka** (ž)	[baŋka]
balcão (f)	**pobočka** (ž)	[pobotʃka]
consultor (m) bancário	**konzultant** (m)	[konzultant]
gerente (m)	**správce** (m)	[spra:vʦɛ]
conta (f)	**účet** (m)	[u:ʧɛt]
número (m) da conta	**číslo** (s) **účtu**	[ʧi:slo u:ʧtu]
conta (f) corrente	**běžný účet** (m)	[beʒni: u:ʧɛt]
conta (f) poupança	**spořitelní účet** (m)	[sporʒɪtɛlni: u:ʧɛt]
abrir uma conta	**založit účet**	[zaloʒɪt u:ʧɛt]
fechar uma conta	**uzavřít účet**	[uzavrʒi:t u:ʧɛt]
depositar na conta	**uložit na účet**	[uloʒɪt na u:ʧɛt]
sacar (vt)	**vybrat z účtu**	[vɪbrat s u:ʧtu]
depósito (m)	**vklad** (m)	[fklat]
fazer um depósito	**uložit vklad**	[uloʒɪt fklat]
transferência (f) bancária	**převod** (m)	[prʃɛvot]
transferir (vt)	**převést**	[prʃɛvɛ:st]
soma (f)	**částka** (ž)	[ʧa:stka]
Quanto?	**Kolik?**	[kolɪk]
assinatura (f)	**podpis** (m)	[potpɪs]
assinar (vt)	**podepsat**	[podɛpsat]
cartão (m) de crédito	**kreditní karta** (ž)	[krɛdɪtni: karta]
senha (f)	**kód** (m)	[ko:t]

número (m) do cartão de crédito	**číslo** (s) **kreditní karty**	[ʧi:slo krɛdɪtni: kartɪ]
caixa (m) eletrônico	**bankomat** (m)	[baŋkomat]
cheque (m)	**šek** (m)	[ʃɛk]
passar um cheque	**vystavit šek**	[vɪstavɪt ʃɛk]
talão (m) de cheques	**šeková knížka** (ž)	[ʃɛkova: kni:ʃka]
empréstimo (m)	**úvěr** (m)	[u:ver]
pedir um empréstimo	**žádat o úvěr**	[ʒa:dat o u:ver]
obter empréstimo	**brát na úvěr**	[bra:t na u:ver]
dar um empréstimo	**poskytovat úvěr**	[poskɪtovat u:ver]
garantia (f)	**kauce** (ž)	[kaut͡sɛ]

79. Telefone. Conversação telefônica

telefone (m)	**telefon** (m)	[tɛlɛfon]
celular (m)	**mobilní telefon** (m)	[mobɪlni: tɛlɛfon]
secretária (f) eletrônica	**záznamník** (m)	[za:znamni:k]
fazer uma chamada	**volat**	[volat]
chamada (f)	**hovor** (m), **volání** (s)	[hovor], [vola:ni:]
discar um número	**vytočit číslo**	[vɪtoʧɪt ʧi:slo]
Alô!	**Prosím!**	[prosi:m]
perguntar (vt)	**zeptat se**	[zɛptat sɛ]
responder (vt)	**odpovědět**	[otpovedet]
ouvir (vt)	**slyšet**	[slɪʃɛt]
bem	**dobře**	[dobrʒɛ]
mal	**špatně**	[ʃpatne]
ruído (m)	**poruchy** (ž mn)	[poruxɪ]
fone (m)	**sluchátko** (s)	[sluxa:tko]
pegar o telefone	**vzít sluchátko**	[vzi:t sluxa:tko]
desligar (vi)	**zavěsit sluchátko**	[zavesɪt sluxa:tko]
ocupado (adj)	**obsazeno**	[opsazɛno]
tocar (vi)	**zvonit**	[zvonɪt]
lista (f) telefônica	**telefonní seznam** (m)	[tɛlɛfonni: sɛznam]
local (adj)	**místní**	[mi:stni:]
de longa distância	**dálkový**	[da:lkovi:]
internacional (adj)	**mezinárodní**	[mɛzɪna:rodni:]

80. Telefone móvel

celular (m)	**mobilní telefon** (m)	[mobɪlni: tɛlɛfon]
tela (f)	**displej** (m)	[dɪsplɛj]
botão (m)	**tlačítko** (s)	[tlaʧi:tko]
cartão SIM (m)	**SIM karta** (ž)	[sɪm karta]
bateria (f)	**baterie** (ž)	[batɛrɪɛ]

descarregar-se (vr)	**vybít se**	[vɪbi:t sɛ]
carregador (m)	**nabíječka** (ž)	[nabi:jɛʧka]
menu (m)	**nabídka** (ž)	[nabi:tka]
configurações (f pl)	**nastavení** (s)	[nastavɛni:]
melodia (f)	**melodie** (ž)	[mɛlodɪe]
escolher (vt)	**vybrat**	[vɪbrat]
calculadora (f)	**kalkulačka** (ž)	[kalkulaʧka]
correio (m) de voz	**hlasová schránka** (ž)	[hlasova: sxra:ŋka]
despertador (m)	**budík** (m)	[budi:k]
contatos (m pl)	**telefonní seznam** (m)	[tɛlɛfonni: sɛznam]
mensagem (f) de texto	**SMS zpráva** (ž)	[ɛsɛmɛs spra:va]
assinante (m)	**účastník** (m)	[u:ʧastni:k]

81. Estacionário

caneta (f)	**pero** (s)	[pɛro]
caneta (f) tinteiro	**plnicí pero** (s)	[plnɪʦi: pɛro]
lápis (m)	**tužka** (ž)	[tuʃka]
marcador (m) de texto	**značkovač** (m)	[znaʧkovaʧ]
caneta (f) hidrográfica	**fix** (m)	[fɪks]
bloco (m) de notas	**notes** (m)	[notɛs]
agenda (f)	**diář** (m)	[dɪa:rʃ]
régua (f)	**pravítko** (s)	[pravi:tko]
calculadora (f)	**kalkulačka** (ž)	[kalkulaʧka]
borracha (f)	**guma** (ž)	[guma]
alfinete (m)	**napínáček** (m)	[napi:na:ʧɛk]
clipe (m)	**svorka** (ž)	[svorka]
cola (f)	**lepidlo** (s)	[lɛpɪdlo]
grampeador (m)	**sešívačka** (ž)	[sɛʃi:vaʧka]
furador (m) de papel	**dírkovačka** (ž)	[di:rkovaʧka]
apontador (m)	**ořezávátko** (s)	[orʒɛza:va:tko]

82. Tipos de negócios

serviços (m pl) de contabilidade	**účetnické služby** (ž mn)	[u:ʧɛtnɪʦkɛ: sluʒbɪ]
publicidade (f)	**reklama** (ž)	[rɛklama]
agência (f) de publicidade	**reklamní agentura** (ž)	[rɛklamni: agɛntura]
ar (m) condicionado	**klimatizátory** (m mn)	[klɪmatɪza:torɪ]
companhia (f) aérea	**letecká společnost** (ž)	[lɛtɛʦka: spolɛʧnost]
bebidas (f pl) alcoólicas	**alkoholické nápoje** (m mn)	[alkoholɪʦkɛ: na:pojɛ]
comércio (m) de antiguidades	**starožitnictví** (s)	[staroʒɪtnɪʦtvi:]
galeria (f) de arte	**galerie** (ž)	[galɛrɪe]
serviços (m pl) de auditoria	**auditorské služby** (ž mn)	[audɪtorskɛ: sluʒbɪ]

negócios (m pl) bancários	**bankovnictví** (s)	[baŋkovnɪʦtvi:]
bar (m)	**bar** (m)	[bar]
salão (m) de beleza	**kosmetický salón** (m)	[kosmɛtɪʦki: salo:n]
livraria (f)	**knihkupectví** (s)	[knɪxkupɛʦtvi:]
cervejaria (f)	**pivovar** (m)	[pɪvovar]
centro (m) de escritórios	**obchodní centrum** (s)	[obxodni: ʦɛntrum]
escola (f) de negócios	**obchodní škola** (ž)	[obxodni: ʃkola]
cassino (m)	**kasino** (s)	[kasi:no]
construção (f)	**stavebnictví** (s)	[stavɛbnɪʦtvi:]
consultoria (f)	**poradenství** (s)	[poradɛnstvi:]
clínica (f) dentária	**stomatologie** (ž)	[stomatologɪe]
design (m)	**design** (m)	[dɪzajn]
drogaria (f)	**lékárna** (ž)	[lɛ:ka:rna]
lavanderia (f)	**čistírna** (ž)	[ʧɪsti:rna]
agência (f) de emprego	**kádrová kancelář** (ž)	[ka:drova: kanʦɛla:rʃ]
serviços (m pl) financeiros	**finanční služby** (ž mn)	[fɪnanʧni: sluʒbɪ]
alimentos (m pl)	**potraviny** (ž mn)	[potravɪnɪ]
funerária (f)	**pohřební ústav** (m)	[pohrʒɛbni: u:staf]
mobiliário (m)	**nábytek** (m)	[na:bɪtɛk]
roupa (f)	**oblečení** (s)	[oblɛʧɛni:]
hotel (m)	**hotel** (m)	[hotɛl]
sorvete (m)	**zmrzlina** (ž)	[zmrzlɪna]
indústria (f)	**průmysl** (m)	[pru:mɪsl]
seguro (~ de vida, etc.)	**pojištění** (s)	[pojɪʃteni:]
internet (f)	**internet** (m)	[ɪntɛrnɛt]
investimento (m)	**investice** (ž mn)	[ɪnvɛstɪʦɛ]
joalheiro (m)	**klenotník** (m)	[klɛnotni:k]
joias (f pl)	**klenotnické výrobky** (m mn)	[klɛnotnɪʦkɛ: vi:ropkɪ]
lavanderia (f)	**prádelna** (ž)	[pra:dɛlna]
assessorias (f pl) jurídicas	**právnické služby** (ž mn)	[pra:vnɪʦkɛ: sluʒbɪ]
indústria (f) ligeira	**lehký průmysl** (m)	[lɛhki: pru:mɪsl]
revista (f)	**časopis** (m)	[ʧasopɪs]
vendas (f pl) por catálogo	**prodej** (m) **podle katalogu**	[prodɛj podlɛ katalogu]
medicina (f)	**lékařství** (s)	[lɛ:karʃstvi:]
cinema (m)	**biograf** (m)	[bɪograf]
museu (m)	**muzeum** (s)	[muzɛum]
agência (f) de notícias	**zpravodajská agentura** (ž)	[spravodajska: agɛntura]
jornal (m)	**noviny** (ž mn)	[novɪnɪ]
boate (casa noturna)	**noční klub** (m)	[noʧni: klup]
petróleo (m)	**ropa** (ž)	[ropa]
serviços (m pl) de remessa	**kurýrská služba** (ž)	[kuri:rska: sluʒba]
indústria (f) farmacêutica	**farmacie** (ž)	[farmaʦɪe]
tipografia (f)	**polygrafie** (ž)	[polɪgrafɪe]
editora (f)	**nakladatelství** (s)	[nakladatɛlstvi:]
rádio (m)	**rozhlas** (m)	[rozhlas]
imobiliário (m)	**nemovitost** (ž)	[nɛmovɪtost]
restaurante (m)	**restaurace** (ž)	[rɛstauraʦɛ]

empresa (f) de segurança	**bezpečnostní agentura** (ž)	[bɛzpɛʧnostni: agɛntura]
esporte (m)	**sport** (m)	[sport]
bolsa (f) de valores	**burza** (ž)	[burza]
loja (f)	**obchod** (m)	[obxot]
supermercado (m)	**supermarket** (m)	[supɛrmarket]
piscina (f)	**bazén** (m)	[bazɛ:n]
alfaiataria (f)	**módní salón** (m)	[mo:dni: salo:n]
televisão (f)	**televize** (ž)	[tɛlɛvɪzɛ]
teatro (m)	**divadlo** (s)	[dɪvadlo]
comércio (m)	**obchod** (m)	[obxot]
serviços (m pl) de transporte	**přeprava** (ž)	[prʃɛprava]
viagens (f pl)	**cestovní ruch** (m)	[ʦɛstovni: rux]
veterinário (m)	**zvěrolékař** (m)	[zverolɛ:karʃ]
armazém (m)	**sklad** (m)	[sklat]
recolha (f) do lixo	**vyvážení** (s) **odpadků**	[vɪva:ʒeni: otpatku:]

Emprego. Negócios. Parte 2

83. Espetáculo. Feira

feira, exposição (f)	**výstava** (ž)	[vi:stava]
feira (f) comercial	**obchodní výstava** (ž)	[obxodni: vi:stava]
participação (f)	**účast** (ž)	[u:ʧast]
participar (vi)	**zúčastnit se**	[zu:ʧastnɪt sɛ]
participante (m)	**účastník** (m)	[u:ʧastni:k]
diretor (m)	**ředitel** (m)	[rʒɛdɪtɛl]
direção (f)	**organizační výbor** (m)	[organɪzaʧni: vi:bor]
organizador (m)	**organizátor** (m)	[organɪza:tor]
organizar (vt)	**organizovat**	[organɪzovat]
ficha (f) de inscrição	**přihláška** (ž) **k účasti**	[prʃɪhla:ʃka k u:ʧastɪ]
preencher (vt)	**vyplnit**	[vɪplnɪt]
detalhes (m pl)	**podrobnosti** (ž mn)	[podrobnostɪ]
informação (f)	**informace** (ž)	[ɪnformaʦɛ]
preço (m)	**cena** (ž)	[ʦɛna]
incluindo	**včetně**	[vʧɛtne]
incluir (vt)	**zahrnovat**	[zahrnovat]
pagar (vt)	**platit**	[platɪt]
taxa (f) de inscrição	**registrační poplatek** (m)	[rɛgɪstraʧni: poplatɛk]
entrada (f)	**vchod** (m)	[vxot]
pavilhão (m), salão (f)	**pavilón** (m)	[pavɪlo:n]
inscrever (vt)	**registrovat**	[rɛgɪstrovat]
crachá (m)	**jmenovka** (ž)	[jmɛnofka]
stand (m)	**stánek** (m)	[sta:nɛk]
reservar (vt)	**rezervovat**	[rɛzɛrvovat]
vitrine (f)	**vitrina** (ž)	[vɪtrɪna]
lâmpada (f)	**svítidlo** (s)	[svi:tɪdlo]
design (m)	**design** (m)	[dɪzajn]
pôr (posicionar)	**rozmisťovat**	[rozmɪstʲovat]
distribuidor (m)	**distributor** (m)	[dɪstrɪbutor]
fornecedor (m)	**dodavatel** (m)	[dodavatɛl]
país (m)	**země** (ž)	[zɛmnɛ]
estrangeiro (adj)	**zahraniční**	[zahranɪʧni:]
produto (m)	**produkt** (m)	[produkt]
associação (f)	**asociace** (ž)	[asoʦɪaʦɛ]
sala (f) de conferência	**konferenční sál** (m)	[konfɛrɛnʧni: sa:l]
congresso (m)	**kongres** (m)	[kongrɛs]

concurso (m)	**soutěž** (ž)	[souteʃ]
visitante (m)	**návštěvník** (m)	[na:vʃtevni:k]
visitar (vt)	**navštěvovat**	[navʃtevovat]
cliente (m)	**zákazník** (m)	[za:kazni:k]

84. Ciência. Investigação. Cientistas

ciência (f)	**věda** (ž)	[veda]
científico (adj)	**vědecký**	[vedɛʦki:]
cientista (m)	**vědec** (m)	[vedɛʦ]
teoria (f)	**teorie** (ž)	[tɛorɪe]
axioma (m)	**axiom** (m)	[aksɪo:m]
análise (f)	**analýza** (ž)	[anali:za]
analisar (vt)	**analyzovat**	[analɪzovat]
argumento (m)	**argument** (m)	[argumɛnt]
substância (f)	**látka** (ž)	[la:tka]
hipótese (f)	**hypotéza** (ž)	[hɪpotɛ:za]
dilema (m)	**dilema** (s)	[dɪlɛma]
tese (f)	**disertace** (ž)	[dɪsɛrtaʦɛ]
dogma (m)	**dogma** (s)	[dogma]
doutrina (f)	**doktrína** (ž)	[doktri:na]
pesquisa (f)	**výzkum** (m)	[vi:skum]
pesquisar (vt)	**zkoumat**	[skoumat]
testes (m pl)	**kontrola** (ž)	[kontrola]
laboratório (m)	**laboratoř** (ž)	[laboratorʃ]
método (m)	**metoda** (ž)	[mɛtoda]
molécula (f)	**molekula** (ž)	[molɛkula]
monitoramento (m)	**monitorování** (s)	[monɪtorova:ni:]
descoberta (f)	**objev** (m)	[objɛf]
postulado (m)	**postulát** (m)	[postula:t]
princípio (m)	**princip** (m)	[prɪnʦɪp]
prognóstico (previsão)	**prognóza** (ž)	[progno:za]
prognosticar (vt)	**předpovídat**	[prʒɛtpovi:dat]
síntese (f)	**syntéza** (ž)	[sintɛ:za]
tendência (f)	**tendence** (ž)	[tɛndɛnʦɛ]
teorema (m)	**teorém** (s)	[tɛorɛ:m]
ensinamentos (m pl)	**nauka** (ž)	[nauka]
fato (m)	**fakt** (m)	[fakt]
expedição (f)	**výprava** (ž)	[vi:prava]
experiência (f)	**experiment** (m)	[ɛkspɛrɪmɛnt]
acadêmico (m)	**akademik** (m)	[akadɛmɪk]
bacharel (m)	**bakalář** (m)	[bakala:rʃ]
doutor (m)	**doktor** (m)	[doktor]
professor (m) associado	**docent** (m)	[doʦɛnt]
mestrado (m)	**magistr** (m)	[magɪstr]
professor (m)	**profesor** (m)	[profɛsor]

Profissões e ocupações

85. Procura de emprego. Demissão

trabalho (m)	**práce** (ž)	[pra:tsɛ]
pessoal (m)	**personál** (m)	[pɛrsona:l]
carreira (f)	**kariéra** (ž)	[karɪe:ra]
perspectivas (f pl)	**vyhlídky** (ž mn)	[vɪhli:tkɪ]
habilidades (f pl)	**dovednost** (ž)	[dovɛdnost]
seleção (f)	**výběr** (m)	[vi:ber]
agência (f) de emprego	**kádrová kancelář** (ž)	[ka:drova: kantsɛla:rʃ]
currículo (m)	**resumé** (s)	[rɛzimɛ:]
entrevista (f) de emprego	**pohovor** (m)	[pohovor]
vaga (f)	**neobsazené místo** (s)	[nɛopsazɛnɛ: mi:sto]
salário (m)	**plat** (m), **mzda** (ž)	[plat], [mzda]
salário (m) fixo	**stálý plat** (m)	[sta:li: plat]
pagamento (m)	**platba** (ž)	[platba]
cargo (m)	**funkce** (ž)	[fuŋktsɛ]
dever (do empregado)	**povinnost** (ž)	[povɪnnost]
gama (f) de deveres	**okruh** (m)	[okrux]
ocupado (adj)	**zaměstnaný**	[zamnestnani:]
despedir, demitir (vt)	**propustit**	[propustɪt]
demissão (f)	**propuštění** (s)	[propuʃteni:]
desemprego (m)	**nezaměstnanost** (ž)	[nɛzamnestnanost]
desempregado (m)	**nezaměstnaný** (m)	[nɛzamnestnani:]
aposentadoria (f)	**důchod** (m)	[du:xot]
aposentar-se (vr)	**odejít do důchodu**	[odɛji:t do du:xodu]

86. Gente de negócios

diretor (m)	**ředitel** (m)	[rʒɛdɪtɛl]
gerente (m)	**správce** (m)	[spra:vtsɛ]
patrão, chefe (m)	**šéf** (m)	[ʃɛ:f]
superior (m)	**vedoucí** (m)	[vɛdoutsi:]
superiores (m pl)	**vedení** (s)	[vɛdɛni:]
presidente (m)	**prezident** (m)	[prɛzɪdɛnt]
chairman (m)	**předseda** (m)	[prʃɛtsɛda]
substituto (m)	**náměstek** (m)	[na:mnestɛk]
assistente (m)	**pomocník** (m)	[pomotsni:k]
secretário (m)	**sekretář** (m)	[sɛkrɛta:rʃ]

secretário (m) pessoal | **osobní sekretář** (m) | [osobni: sɛkrɛta:rʃ]
homem (m) de negócios | **byznysmen** (m) | [bɪznɪsmen]
empreendedor (m) | **podnikatel** (m) | [podnɪkatɛl]
fundador (m) | **zakladatel** (m) | [zakladatɛl]
fundar (vt) | **založit** | [zaloʒɪt]

principiador (m) | **zakladatel** (m) | [zakladatɛl]
parceiro, sócio (m) | **partner** (m) | [partnɛr]
acionista (m) | **akcionář** (m) | [akʦɪona:rʃ]

milionário (m) | **milionář** (m) | [mɪlɪona:rʃ]
bilionário (m) | **miliardář** (m) | [mɪlɪarda:rʃ]
proprietário (m) | **majitel** (m) | [majɪtɛl]
proprietário (m) de terras | **vlastník** (m) **půdy** | [vlastni:k pu:dɪ]

cliente (m) | **klient** (m) | [klɪent]
cliente (m) habitual | **stálý zákazník** (m) | [sta:li: za:kazni:k]
comprador (m) | **zákazník** (m) | [za:kazni:k]
visitante (m) | **návštěvník** (m) | [na:vʃtevni:k]

profissional (m) | **profesionál** (m) | [profɛsɪona:l]
perito (m) | **znalec** (m) | [znalɛʦ]
especialista (m) | **odborník** (m) | [odborni:k]

banqueiro (m) | **bankéř** (m) | [baŋkɛ:rʃ]
corretor (m) | **broker** (m) | [brokɛr]

caixa (m, f) | **pokladník** (m) | [pokladni:k]
contador (m) | **účetní** (m, ž) | [u:ʧɛtni:]
guarda (m) | **strážce** (m) | [stra:ʒʦɛ]

investidor (m) | **investor** (m) | [ɪnvɛstor]
devedor (m) | **dlužník** (m) | [dluʒni:k]
credor (m) | **věřitel** (m) | [verʒɪtɛl]
mutuário (m) | **vypůjčovatel** (m) | [vɪpu:jʧovatɛl]

importador (m) | **dovozce** (m) | [dovozʦɛ]
exportador (m) | **vývozce** (m) | [vi:vozʦɛ]

produtor (m) | **výrobce** (m) | [vi:robʦɛ]
distribuidor (m) | **distributor** (m) | [dɪstrɪbutor]
intermediário (m) | **zprostředkovatel** (m) | [sprostrʃɛtkovatɛl]

consultor (m) | **konzultant** (m) | [konzultant]
representante comercial | **zástupce** (m) | [za:stupʦɛ]
agente (m) | **agent** (m) | [agɛnt]
agente (m) de seguros | **pojišťovací agent** (m) | [pojɪʃtʲovaʦi: agɛnt]

87. Profissões de serviços

cozinheiro (m) | **kuchař** (m) | [kuxarʃ]
chefe (m) de cozinha | **šéfkuchař** (m) | [ʃɛ:f kuxarʃ]
padeiro (m) | **pekař** (m) | [pɛkarʃ]
barman (m) | **barman** (m) | [barman]

garçom (m)	**číšník** (m)	[ʧi:ʃni:k]
garçonete (f)	**číšnice** (ž)	[ʧi:ʃnɪʦɛ]
advogado (m)	**advokát** (m)	[advoka:t]
jurista (m)	**právník** (m)	[pra:vni:k]
notário (m)	**notář** (m)	[nota:rʃ]
eletricista (m)	**elektromontér** (m)	[ɛlɛktromontɛ:r]
encanador (m)	**instalatér** (m)	[ɪnstalatɛ:r]
carpinteiro (m)	**tesař** (m)	[tɛsarʃ]
massagista (m)	**masér** (m)	[masɛ:r]
massagista (f)	**masérka** (ž)	[masɛ:rka]
médico (m)	**lékař** (m)	[lɛ:karʃ]
taxista (m)	**taxikář** (m)	[taksɪka:rʃ]
condutor (automobilista)	**řidič** (m)	[rʒɪdɪʧ]
entregador (m)	**kurýr** (m)	[kuri:r]
camareira (f)	**pokojská** (ž)	[pokojska:]
guarda (m)	**strážce** (m)	[stra:ʒʦɛ]
aeromoça (f)	**letuška** (ž)	[lɛtuʃka]
professor (m)	**učitel** (m)	[uʧɪtɛl]
bibliotecário (m)	**knihovník** (m)	[knɪhovni:k]
tradutor (m)	**překladatel** (m)	[prʃɛkladatɛl]
intérprete (m)	**tlumočník** (m)	[tlumoʧni:k]
guia (m)	**průvodce** (m)	[pru:voʤɛ]
cabeleireiro (m)	**holič** (m), **kadeřník** (m)	[holɪʧ], [kadɛrʒni:k]
carteiro (m)	**listonoš** (m)	[lɪstonoʃ]
vendedor (m)	**prodavač** (m)	[prodavaʧ]
jardineiro (m)	**zahradník** (m)	[zahradni:k]
criado (m)	**sluha** (m)	[sluha]
criada (f)	**služka** (ž)	[sluʃka]
empregada (f) de limpeza	**uklízečka** (ž)	[ukli:zɛʧka]

88. Profissões militares e postos

soldado (m) raso	**vojín** (m)	[voji:n]
sargento (m)	**seržant** (m)	[sɛrʒant]
tenente (m)	**poručík** (m)	[poruʧi:k]
capitão (m)	**kapitán** (m)	[kapɪta:n]
major (m)	**major** (m)	[major]
coronel (m)	**plukovník** (m)	[plukovni:k]
general (m)	**generál** (m)	[gɛnɛra:l]
marechal (m)	**maršál** (m)	[marʃa:l]
almirante (m)	**admirál** (m)	[admɪra:l]
militar (m)	**voják** (m)	[voja:k]
soldado (m)	**voják** (m)	[voja:k]
oficial (m)	**důstojník** (m)	[du:stojni:k]

comandante (m)	**velitel** (m)	[vɛlɪtɛl]
guarda (m) de fronteira	**pohraničník** (m)	[pohranɪʧni:k]
operador (m) de rádio	**radista** (m)	[radɪsta]
explorador (m)	**rozvědčík** (m)	[rozvedʧi:k]
sapador-mineiro (m)	**ženista** (m)	[ʒenɪsta]
atirador (m)	**střelec** (m)	[strʃɛlɛʦ]
navegador (m)	**navigátor** (m)	[navɪga:tor]

89. Oficiais. Padres

rei (m)	**král** (m)	[kra:l]
rainha (f)	**královna** (ž)	[kra:lovna]
príncipe (m)	**princ** (m)	[prɪnʦ]
princesa (f)	**princezna** (ž)	[prɪnʦɛzna]
czar (m)	**car** (m)	[ʦar]
czarina (f)	**carevna** (ž)	[ʦarɛvna]
presidente (m)	**prezident** (m)	[prɛzɪdɛnt]
ministro (m)	**ministr** (m)	[mɪnɪstr]
primeiro-ministro (m)	**premiér** (m)	[prɛmje:r]
senador (m)	**senátor** (m)	[sɛna:tor]
diplomata (m)	**diplomat** (m)	[dɪplomat]
cônsul (m)	**konzul** (m)	[konzul]
embaixador (m)	**velvyslanec** (m)	[vɛlvɪslanɛʦ]
conselheiro (m)	**rada** (m)	[rada]
funcionário (m)	**úředník** (m)	[u:rʒɛdni:k]
prefeito (m)	**prefekt** (m)	[prɛfɛkt]
Presidente (m) da Câmara	**primátor** (m)	[prɪma:tor]
juiz (m)	**soudce** (m)	[soudʦɛ]
procurador (m)	**prokurátor** (m)	[prokura:tor]
missionário (m)	**misionář** (m)	[mɪsɪona:rʃ]
monge (m)	**mnich** (m)	[mnɪx]
abade (m)	**opat** (m)	[opat]
rabino (m)	**rabín** (m)	[rabi:n]
vizir (m)	**vezír** (m)	[vɛzi:r]
xá (m)	**šach** (m)	[ʃax]
xeique (m)	**šejk** (m)	[ʃɛjk]

90. Profissões agrícolas

abelheiro (m)	**včelař** (m)	[vʧɛlarʃ]
pastor (m)	**pasák** (m)	[pasa:k]
agrônomo (m)	**agronom** (m)	[agronom]
criador (m) de gado	**chovatel** (m)	[xovatɛl]
veterinário (m)	**zvěrolékař** (m)	[zverolɛ:karʃ]

agricultor, fazendeiro (m)	**farmář** (m)	[farma:rʃ]
vinicultor (m)	**vinař** (m)	[vɪnarʃ]
zoólogo (m)	**zoolog** (m)	[zoolog]
vaqueiro (m)	**kovboj** (m)	[kovboj]

91. Profissões artísticas

ator (m)	**herec** (m)	[hɛrɛʦ]
atriz (f)	**herečka** (ž)	[hɛrɛʧka]
cantor (m)	**zpěvák** (m)	[speva:k]
cantora (f)	**zpěvačka** (ž)	[spevaʧka]
bailarino (m)	**tanečník** (m)	[tanɛʧni:k]
bailarina (f)	**tanečnice** (ž)	[tanɛʧnɪʦɛ]
artista (m)	**herec** (m)	[hɛrɛʦ]
artista (f)	**herečka** (ž)	[hɛrɛʧka]
músico (m)	**hudebník** (m)	[hudɛbni:k]
pianista (m)	**klavírista** (m)	[klavi:rɪsta]
guitarrista (m)	**kytarista** (m)	[kɪtarɪsta]
maestro (m)	**dirigent** (m)	[dɪrɪgɛnt]
compositor (m)	**skladatel** (m)	[skladatɛl]
empresário (m)	**impresário** (m)	[ɪmprɛsa:rɪo]
diretor (m) de cinema	**režisér** (m)	[rɛʒɪsɛ:r]
produtor (m)	**filmový producent** (m)	[fɪlmovi: produʦɛnt]
roteirista (m)	**scenárista** (m)	[sʦɛna:rɪsta]
crítico (m)	**kritik** (m)	[krɪtɪk]
escritor (m)	**spisovatel** (m)	[spɪsovatɛl]
poeta (m)	**básník** (m)	[ba:sni:k]
escultor (m)	**sochař** (m)	[soxarʃ]
pintor (m)	**malíř** (m)	[mali:rʃ]
malabarista (m)	**žonglér** (m)	[ʒonglɛ:r]
palhaço (m)	**klaun** (m)	[klaun]
acrobata (m)	**akrobat** (m)	[akrobat]
ilusionista (m)	**kouzelník** (m)	[kouzɛlni:k]

92. Várias profissões

médico (m)	**lékař** (m)	[lɛ:karʃ]
enfermeira (f)	**zdravotní sestra** (ž)	[zdravotni: sɛstra]
psiquiatra (m)	**psychiatr** (m)	[psɪxɪatr]
dentista (m)	**stomatolog** (m)	[stomatolog]
cirurgião (m)	**chirurg** (m)	[xɪrurg]
astronauta (m)	**astronaut** (m)	[astronaut]
astrônomo (m)	**astronom** (m)	[astronom]

motorista (m)	**řidič** (m)	[rʒɪdɪʧ]
maquinista (m)	**strojvůdce** (m)	[strojvu:dʦɛ]
mecânico (m)	**mechanik** (m)	[mɛxanɪk]
mineiro (m)	**horník** (m)	[horni:k]
operário (m)	**dělník** (m)	[delni:k]
serralheiro (m)	**zámečník** (m)	[za:mɛʧni:k]
marceneiro (m)	**truhlář** (m)	[truhla:rʃ]
torneiro (m)	**soustružník** (m)	[soustruʒni:k]
construtor (m)	**stavitel** (m)	[stavɪtɛl]
soldador (m)	**svářeč** (m)	[sva:rʒɛʧ]
professor (m)	**profesor** (m)	[profɛsor]
arquiteto (m)	**architekt** (m)	[arxɪtɛkt]
historiador (m)	**historik** (m)	[hɪstorɪk]
cientista (m)	**vědec** (m)	[vedɛʦ]
físico (m)	**fyzik** (m)	[fɪzɪk]
químico (m)	**chemik** (m)	[xɛmɪk]
arqueólogo (m)	**archeolog** (m)	[arxɛolog]
geólogo (m)	**geolog** (m)	[gɛolog]
pesquisador (cientista)	**výzkumník** (m)	[vi:skumni:k]
babysitter, babá (f)	**chůva** (ž)	[xu:va]
professor (m)	**pedagog** (m)	[pɛdagog]
redator (m)	**redaktor** (m)	[rɛdaktor]
redator-chefe (m)	**šéfredaktor** (m)	[ʃɛ:frɛdaktor]
correspondente (m)	**zpravodaj** (m)	[spravodaj]
datilógrafa (f)	**písařka** (ž)	[pi:sarʃka]
designer (m)	**návrhář** (m)	[na:vrha:rʃ]
especialista (m) em informática	**odborník** (m) **na počítače**	[odborni:k na poʧi:taʧɛ]
programador (m)	**programátor** (m)	[programa:tor]
engenheiro (m)	**inženýr** (m)	[ɪnʒeni:r]
marujo (m)	**námořník** (m)	[na:morʒni:k]
marinheiro (m)	**námořník** (m)	[na:morʒni:k]
socorrista (m)	**záchranář** (m)	[za:xrana:rʃ]
bombeiro (m)	**hasič** (m)	[hasɪʧ]
polícia (m)	**policista** (m)	[polɪʦɪsta]
guarda-noturno (m)	**hlídač** (m)	[hli:daʧ]
detetive (m)	**detektiv** (m)	[dɛtɛktɪf]
funcionário (m) da alfândega	**celník** (m)	[ʦɛlni:k]
guarda-costas (m)	**osobní strážce** (m)	[osobni: stra:ʒʦɛ]
guarda (m) prisional	**dozorce** (m)	[dozorʦɛ]
inspetor (m)	**inspektor** (m)	[ɪnspɛktor]
esportista (m)	**sportovec** (m)	[sportovɛʦ]
treinador (m)	**trenér** (m)	[trɛnɛ:r]
açougueiro (m)	**řezník** (m)	[rʒɛzni:k]
sapateiro (m)	**obuvník** (m)	[obuvni:k]
comerciante (m)	**obchodník** (m)	[obxodni:k]

carregador (m)	**nakládač** (m)	[nakla:datʃ]
estilista (m)	**modelář** (m)	[modɛla:rʃ]
modelo (f)	**modelka** (ž)	[modɛlka]

93. Ocupações. Estatuto social

estudante (~ de escola)	**žák** (m)	[ʒa:k]
estudante (~ universitária)	**student** (m)	[studɛnt]
filósofo (m)	**filozof** (m)	[fɪlozof]
economista (m)	**ekonom** (m)	[ɛkonom]
inventor (m)	**vynálezce** (m)	[vɪna:lɛztsɛ]
desempregado (m)	**nezaměstnaný** (m)	[nɛzamnestnani:]
aposentado (m)	**důchodce** (m)	[du:xodtsɛ]
espião (m)	**špión** (m)	[ʃpɪo:n]
preso, prisioneiro (m)	**vězeň** (m)	[vezɛnʲ]
grevista (m)	**stávkující** (m)	[sta:fkuji:tsi:]
burocrata (m)	**byrokrat** (m)	[bɪrokrat]
viajante (m)	**cestovatel** (m)	[tsɛstovatɛl]
homossexual (m)	**homosexuál** (m)	[homosɛksua:l]
hacker (m)	**hacker** (m)	[hɛkr]
bandido (m)	**bandita** (m)	[bandɪta]
assassino (m)	**najatý vrah** (m)	[najati: vrax]
drogado (m)	**narkoman** (m)	[narkoman]
traficante (m)	**drogový dealer** (m)	[drogovi: di:lɛr]
prostituta (f)	**prostitutka** (ž)	[prostɪtutka]
cafetão (m)	**kuplíř** (m)	[kupli:rʃ]
bruxo (m)	**čaroděj** (m)	[tʃarodej]
bruxa (f)	**čarodějka** (ž)	[tʃarodejka]
pirata (m)	**pirát** (m)	[pɪra:t]
escravo (m)	**otrok** (m)	[otrok]
samurai (m)	**samuraj** (m)	[samuraj]
selvagem (m)	**divoch** (m)	[dɪvox]

Educação

94. Escola

escola (f)	**škola** (ž)	[ʃkola]
diretor (m) de escola	**ředitel** (m) **školy**	[rʒɛdɪtɛl ʃkolɪ]
aluno (m)	**žák** (m)	[ʒa:k]
aluna (f)	**žákyně** (ž)	[ʒa:kɪne]
estudante (m)	**žák** (m)	[ʒa:k]
estudante (f)	**žákyně** (ž)	[ʒa:kɪne]
ensinar (vt)	**učit**	[utʃɪt]
aprender (vt)	**učit se**	[utʃɪt sɛ]
decorar (vt)	**učit se nazpaměť**	[utʃɪt sɛ naspamnetʲ]
estudar (vi)	**učit se**	[utʃɪt sɛ]
estar na escola	**chodí za školu**	[xodi: za ʃkolu]
ir à escola	**jít do školy**	[ji:t do ʃkolɪ]
alfabeto (m)	**abeceda** (ž)	[abɛtsɛda]
disciplina (f)	**předmět** (m)	[prʃɛdmnet]
sala (f) de aula	**třída** (ž)	[trʃi:da]
lição, aula (f)	**hodina** (ž)	[hodɪna]
recreio (m)	**přestávka** (ž)	[prʃɛsta:fka]
toque (m)	**zvonění** (s)	[zvoneni:]
classe (f)	**školní lavice** (ž)	[ʃkolni: lavɪtsɛ]
quadro (m) negro	**tabule** (ž)	[tabulɛ]
nota (f)	**známka** (ž)	[zna:mka]
boa nota (f)	**dobrá známka** (ž)	[dobra: zna:mka]
nota (f) baixa	**špatná známka** (ž)	[ʃpatna: zna:mka]
dar uma nota	**dávat známku**	[da:vat zna:mku]
erro (m)	**chyba** (ž)	[xɪba]
errar (vi)	**dělat chyby**	[delat xɪbɪ]
corrigir (~ um erro)	**opravovat**	[opravovat]
cola (f)	**tahák** (m)	[taha:k]
dever (m) de casa	**domácí úloha** (ž)	[doma:tsi: u:loha]
exercício (m)	**cvičení** (s)	[tsvɪtʃɛni:]
estar presente	**být přítomen**	[bi:t prʃi:tomɛn]
estar ausente	**chybět**	[xɪbet]
punir (vt)	**trestat**	[trɛstat]
punição (f)	**trest** (m)	[trɛst]
comportamento (m)	**chování** (s)	[xova:ni:]

boletim (m) escolar	**žákovská knížka** (ž)	[ʒa:kovska: kni:ʃka]
lápis (m)	**tužka** (ž)	[tuʃka]
borracha (f)	**guma** (ž)	[guma]
giz (m)	**křída** (ž)	[krʃi:da]
porta-lápis (m)	**penál** (m)	[pɛna:l]
mala, pasta, mochila (f)	**brašna** (ž)	[braʃna]
caneta (f)	**pero** (s)	[pɛro]
caderno (m)	**sešit** (m)	[sɛʃɪt]
livro (m) didático	**učebnice** (ž)	[uʧɛbnɪʦɛ]
compasso (m)	**kružidlo** (s)	[kruʒɪdlo]
traçar (vt)	**rýsovat**	[ri:sovat]
desenho (m) técnico	**výkres** (m)	[vi:krɛs]
poesia (f)	**báseň** (ž)	[ba:sɛnʲ]
de cor	**nazpaměť**	[naspamnetʲ]
decorar (vt)	**učit se nazpaměť**	[uʧɪt sɛ naspamnetʲ]
férias (f pl)	**prázdniny** (ž mn)	[pra:zdnɪnɪ]
estar de férias	**mít prázdniny**	[mi:t pra:zdnɪnɪ]
teste (m), prova (f)	**písemka** (ž)	[pi:sɛmka]
redação (f)	**sloh** (m)	[slox]
ditado (m)	**diktát** (m)	[dɪkta:t]
exame (m), prova (f)	**zkouška** (ž)	[skouʃka]
fazer prova	**dělat zkoušky**	[delat skouʃkɪ]
experiência (~ química)	**pokus** (m)	[pokus]

95. Colégio. Universidade

academia (f)	**akademie** (ž)	[akadɛmɪe]
universidade (f)	**univerzita** (ž)	[unɪvɛrzɪta]
faculdade (f)	**fakulta** (ž)	[fakulta]
estudante (m)	**student** (m)	[studɛnt]
estudante (f)	**studentka** (ž)	[studɛntka]
professor (m)	**vyučující** (m)	[vɪuʧuji:ʦi:]
auditório (m)	**posluchárna** (ž)	[posluxa:rna]
graduado (m)	**absolvent** (m)	[apsolvɛnt]
diploma (m)	**diplom** (m)	[dɪplom]
tese (f)	**disertace** (ž)	[dɪsɛrtaʦɛ]
estudo (obra)	**bádání** (s)	[ba:da:ni:]
laboratório (m)	**laboratoř** (ž)	[laboratorʃ]
palestra (f)	**přednáška** (ž)	[prʃɛdna:ʃka]
colega (m) de curso	**spolužák** (m)	[spoluʒa:k]
bolsa (f) de estudos	**stipendium** (s)	[stɪpɛndɪum]
grau (m) acadêmico	**akademická hodnost** (ž)	[akadɛmɪʦka: hodnost]

96. Ciências. Disciplinas

matemática (f) **matematika** (ž) [matɛmatɪka]
álgebra (f) **algebra** (ž) [algɛbra]
geometria (f) **geometrie** (ž) [gɛomɛtrɪe]

astronomia (f) **astronomie** (ž) [astronomɪe]
biologia (f) **biologie** (ž) [bɪologɪe]
geografia (f) **zeměpis** (m) [zɛmnepɪs]
geologia (f) **geologie** (ž) [gɛologɪe]
história (f) **historie** (ž) [hɪstorɪe]

medicina (f) **lékařství** (s) [lɛ:karʃstvi:]
pedagogia (f) **pedagogika** (ž) [pɛdagogɪka]
direito (m) **právo** (s) [pra:vo]

física (f) **fyzika** (ž) [fɪzɪka]
química (f) **chemie** (ž) [xɛmɪe]
filosofia (f) **filozofie** (ž) [fɪlozofɪe]
psicologia (f) **psychologie** (ž) [psɪxologɪe]

97. Sistema de escrita. Ortografia

gramática (f) **mluvnice** (ž) [mluvnɪʦɛ]
vocabulário (m) **slovní zásoba** (ž) [slovni: za:soba]
fonética (f) **hláskosloví** (s) [hla:skoslovi:]

substantivo (m) **podstatné jméno** (s) [potsta:tnɛ: jmɛ:no]
adjetivo (m) **přídavné jméno** (s) [prʃi:davnɛ: jmɛ:no]
verbo (m) **sloveso** (s) [slovɛso]
advérbio (m) **příslovce** (s) [prʃi:slovʦɛ]

pronome (m) **zájmeno** (s) [za:jmɛno]
interjeição (f) **citoslovce** (s) [ʦɪtoslovʦɛ]
preposição (f) **předložka** (ž) [prʃɛdloʃka]

raiz (f) **slovní základ** (m) [slovni: za:klat]
terminação (f) **koncovka** (ž) [konʦofka]
prefixo (m) **předpona** (ž) [prʃɛtpona]
sílaba (f) **slabika** (ž) [slabɪka]
sufixo (m) **přípona** (ž) [prʃi:pona]

acento (m) **přízvuk** (m) [prʃi:zvuk]
apóstrofo (f) **odsuvník** (m) [otsuvni:k]

ponto (m) **tečka** (ž) [tɛʧka]
vírgula (f) **čárka** (ž) [ʧa:rka]
ponto e vírgula (m) **středník** (m) [strʃɛdni:k]
dois pontos (m pl) **dvojtečka** (ž) [dvojtɛʧka]
reticências (f pl) **tři tečky** (ž mn) [trʃɪ tɛʧkɪ]

ponto (m) de interrogação **otazník** (m) [otazni:k]
ponto (m) de exclamação **vykřičník** (m) [vɪkrʃɪʧni:k]

aspas (f pl)	**uvozovky** (ž mn)	[uvozofkɪ]
entre aspas	**v uvozovkách**	[f uvozofka:x]
parênteses (m pl)	**závorky** (ž mn)	[za:vorkɪ]
entre parênteses	**v závorkách**	[v za:vorkax]
hífen (m)	**spojovník** (m)	[spojovni:k]
travessão (m)	**pomlčka** (ž)	[pomlʧka]
espaço (m)	**mezera** (ž)	[mɛzɛra]
letra (f)	**písmeno** (s)	[pi:smɛno]
letra (f) maiúscula	**velké písmeno** (s)	[vɛlkɛ: pi:smɛno]
vogal (f)	**samohláska** (ž)	[samohla:ska]
consoante (f)	**souhláska** (ž)	[souhla:ska]
frase (f)	**věta** (ž)	[veta]
sujeito (m)	**podmět** (m)	[podmnet]
predicado (m)	**přísudek** (m)	[prʃi:sudɛk]
linha (f)	**řádek** (m)	[rʒa:dɛk]
em uma nova linha	**z nového řádku**	[z novɛ:ho rʒa:tku]
parágrafo (m)	**odstavec** (m)	[otstavɛʦ]
palavra (f)	**slovo** (s)	[slovo]
grupo (m) de palavras	**slovní spojení** (s)	[slovni: spojɛni:]
expressão (f)	**výraz** (m)	[vi:raz]
sinônimo (m)	**synonymum** (s)	[sɪnonɪmum]
antônimo (m)	**antonymum** (s)	[antonɪmum]
regra (f)	**pravidlo** (s)	[pravɪdlo]
exceção (f)	**výjimka** (ž)	[vi:jɪmka]
correto (adj)	**správný**	[spra:vni:]
conjugação (f)	**časování** (s)	[ʧasova:ni:]
declinação (f)	**skloňování** (s)	[sklonʲova:ni:]
caso (m)	**pád** (m)	[pa:t]
pergunta (f)	**otázka** (ž)	[ota:ska]
sublinhar (vt)	**podtrhnout**	[podtrhnout]
linha (f) pontilhada	**tečkování** (s)	[tɛʧkova:ni:]

98. Línguas estrangeiras

língua (f)	**jazyk** (m)	[jazɪk]
língua (f) estrangeira	**cizí jazyk** (m)	[ʦɪzi: jazɪk]
estudar (vt)	**studovat**	[studovat]
aprender (vt)	**učit se**	[uʧɪt sɛ]
ler (vt)	**číst**	[ʧi:st]
falar (vi)	**mluvit**	[mluvɪt]
entender (vt)	**rozumět**	[rozumnet]
escrever (vt)	**psát**	[psa:t]
rapidamente	**rychle**	[rɪxlɛ]
devagar, lentamente	**pomalu**	[pomalu]

fluentemente	**plynně**	[plɪnne]
regras (f pl)	**pravidla** (s mn)	[pravɪdla]
gramática (f)	**mluvnice** (ž)	[mluvnɪʦɛ]
vocabulário (m)	**slovní zásoba** (ž)	[slovni: za:soba]
fonética (f)	**hláskosloví** (s)	[hla:skoslovi:]
livro (m) didático	**učebnice** (ž)	[uʧɛbnɪʦɛ]
dicionário (m)	**slovník** (m)	[slovni:k]
manual (m) autodidático	**učebnice** (ž) **pro samouky**	[uʧɛbnɪʦɛ pro samoukɪ]
guia (m) de conversação	**konverzace** (ž)	[konvɛrzaʦɛ]
fita (f) cassete	**kazeta** (ž)	[kazɛta]
videoteipe (m)	**videokazeta** (ž)	[vɪdɛokazɛta]
CD (m)	**CD disk** (m)	[ʦɛ:dɛ: dɪsk]
DVD (m)	**DVD** (s)	[dɛvɛdɛ]
alfabeto (m)	**abeceda** (ž)	[abɛʦɛda]
soletrar (vt)	**hláskovat**	[hla:skovat]
pronúncia (f)	**výslovnost** (ž)	[vi:slovnost]
sotaque (m)	**cizí přízvuk** (m)	[ʦɪzi: prʃi:zvuk]
com sotaque	**s cizím přízvukem**	[s ʦɪzi:m prʃi:zvukɛm]
sem sotaque	**bez cizího přízvuku**	[bɛz ʦɪzi:ho prʃi:zvuku]
palavra (f)	**slovo** (s)	[slovo]
sentido (m)	**smysl** (m)	[smɪsl]
curso (m)	**kurzy** (m mn)	[kurzɪ]
inscrever-se (vr)	**zapsat se**	[zapsat sɛ]
professor (m)	**vyučující** (m)	[vɪuʧuji:ʦi:]
tradução (processo)	**překlad** (m)	[prʃɛklat]
tradução (texto)	**překlad** (m)	[prʃɛklat]
tradutor (m)	**překladatel** (m)	[prʃɛkladatɛl]
intérprete (m)	**tlumočník** (m)	[tlumoʧni:k]
poliglota (m)	**polyglot** (m)	[polɪglot]
memória (f)	**paměť** (ž)	[pamnetʲ]

Descanso. Entretenimento. Viagens

99. Viagens

turismo (m)	**turistika** (ž)	[turɪstɪka]
turista (m)	**turista** (m)	[turɪsta]
viagem (f)	**cestování** (s)	[ʦɛstova:ni:]
aventura (f)	**příhoda** (ž)	[prʃi:hoda]
percurso (curta viagem)	**cesta** (ž)	[ʦɛsta]
férias (f pl)	**dovolená** (ž)	[dovolɛna:]
estar de férias	**mít dovolenou**	[mi:t dovolɛnou]
descanso (m)	**odpočinek** (m)	[otpoʧɪnɛk]
trem (m)	**vlak** (m)	[vlak]
de trem (chegar ~)	**vlakem**	[vlakɛm]
avião (m)	**letadlo** (s)	[lɛtadlo]
de avião	**letadlem**	[lɛtadlɛm]
de carro	**autem**	[autɛm]
de navio	**lodí**	[lodi:]
bagagem (f)	**zavazadla** (s mn)	[zavazadla]
mala (f)	**kufr** (m)	[kufr]
carrinho (m)	**vozík** (m) **na zavazadla**	[vozi:k na zavazadla]
passaporte (m)	**pas** (m)	[pas]
visto (m)	**vízum** (s)	[vi:zum]
passagem (f)	**jízdenka** (ž)	[ji:zdɛŋka]
passagem (f) aérea	**letenka** (ž)	[lɛtɛŋka]
guia (m) de viagem	**průvodce** (m)	[pru:vodʦɛ]
mapa (m)	**mapa** (ž)	[mapa]
área (f)	**krajina** (ž)	[krajɪna]
lugar (m)	**místo** (s)	[mi:sto]
exotismo (m)	**exotika** (ž)	[ɛgzotɪka]
exótico (adj)	**exotický**	[ɛgzotɪʦki:]
surpreendente (adj)	**podivuhodný**	[podɪvuhodni:]
grupo (m)	**skupina** (ž)	[skupɪna]
excursão (f)	**výlet** (m)	[vi:lɛt]
guia (m)	**průvodce** (m)	[pru:vodʦɛ]

100. Hotel

hotel (m)	**hotel** (m)	[hotɛl]
motel (m)	**motel** (m)	[motɛl]
três estrelas	**tři hvězdy**	[trʃɪ hvezdɪ]

cinco estrelas	**pět hvězd**	[pet hvezt]
ficar (vi, vt)	**ubytovat se**	[ubɪtovat sɛ]
quarto (m)	**pokoj** (m)	[pokoj]
quarto (m) individual	**jednolůžkový pokoj** (m)	[jɛdnolu:ʃkovi: pokoj]
quarto (m) duplo	**dvoulůžkový pokoj** (m)	[dvoulu:ʃkovi: pokoj]
reservar um quarto	**rezervovat pokoj**	[rɛzɛrvovat pokoj]
meia pensão (f)	**polopenze** (ž)	[polopɛnzɛ]
pensão (f) completa	**plná penze** (ž)	[plna: pɛnzɛ]
com banheira	**s koupelnou**	[s koupɛlnou]
com chuveiro	**se sprchou**	[sɛ sprxou]
televisão (m) por satélite	**satelitní televize** (ž)	[satɛlɪtni: tɛlɛvɪzɛ]
ar (m) condicionado	**klimatizátor** (m)	[klɪmatɪza:tor]
toalha (f)	**ručník** (m)	[rutʃni:k]
chave (f)	**klíč** (m)	[kli:tʃ]
administrador (m)	**recepční** (m)	[rɛtsɛptʃni:]
camareira (f)	**pokojská** (ž)	[pokojska:]
bagageiro (m)	**nosič** (m)	[nosɪtʃ]
porteiro (m)	**vrátný** (m)	[vra:tni:]
restaurante (m)	**restaurace** (ž)	[rɛstauratsɛ]
bar (m)	**bar** (m)	[bar]
café (m) da manhã	**snídaně** (ž)	[sni:dane]
jantar (m)	**večeře** (ž)	[vɛtʃɛrʒɛ]
bufê (m)	**obložený stůl** (m)	[oblozeni: stu:l]
saguão (m)	**vstupní hala** (ž)	[vstupni: hala]
elevador (m)	**výtah** (m)	[vi:tax]
NÃO PERTURBE	**NERUŠIT**	[nɛruʃɪt]
PROIBIDO FUMAR!	**ZÁKAZ KOUŘENÍ**	[za:kaz kourʒɛni:]

EQUIPAMENTO TÉCNICO. TRANSPORTES

Equipamento técnico. Transportes

101. Computador

computador (m)	**počítač** (m)	[potʃi:tatʃ]
computador (m) portátil	**notebook** (m)	[noutbu:k]
ligar (vt)	**zapnout**	[zapnout]
desligar (vt)	**vypnout**	[vɪpnout]
teclado (m)	**klávesnice** (ž)	[kla:vɛsnɪtsɛ]
tecla (f)	**klávesa** (ž)	[kla:vɛsa]
mouse (m)	**myš** (ž)	[mɪʃ]
tapete (m) para mouse	**podložka** (ž) **pro myš**	[podloʃka pro mɪʃ]
botão (m)	**tlačítko** (s)	[tlatʃi:tko]
cursor (m)	**kurzor** (m)	[kurzor]
monitor (m)	**monitor** (m)	[monɪtor]
tela (f)	**obrazovka** (ž)	[obrazofka]
disco (m) rígido	**pevný disk** (m)	[pɛvni: dɪsk]
capacidade (f) do disco rígido	**rozměr** (m) **disku**	[rozmner dɪsku]
memória (f)	**paměť** (ž)	[pamnetʲ]
memória RAM (f)	**operační paměť** (ž)	[opɛratʃni: pamnetʲ]
arquivo (m)	**soubor** (m)	[soubor]
pasta (f)	**složka** (ž)	[sloʃka]
abrir (vt)	**otevřít**	[otɛvrʒi:t]
fechar (vt)	**zavřít**	[zavrʒi:t]
salvar (vt)	**uložit**	[uloʒɪt]
deletar (vt)	**vymazat**	[vɪmazat]
copiar (vt)	**zkopírovat**	[skopi:rovat]
ordenar (vt)	**uspořádat**	[usporʒa:dat]
copiar (vt)	**zkopírovat**	[skopi:rovat]
programa (m)	**program** (m)	[program]
software (m)	**programové vybavení** (s)	[programovɛ: vɪbavɛni:]
programador (m)	**programátor** (m)	[programa:tor]
programar (vt)	**programovat**	[programovat]
hacker (m)	**hacker** (m)	[hɛkr]
senha (f)	**heslo** (s)	[hɛslo]
vírus (m)	**virus** (m)	[vɪrus]
detectar (vt)	**zjistit**	[zjɪstɪt]
byte (m)	**byte** (m)	[bajt]

megabyte (m)	**megabyte** (m)	[mɛgabajt]
dados (m pl)	**data** (s mn)	[data]
base (f) de dados	**databáze** (ž)	[databa:zɛ]
cabo (m)	**kabel** (m)	[kabɛl]
desconectar (vt)	**odpojit**	[otpojɪt]
conectar (vt)	**připojit**	[prʃɪpojɪt]

102. Internet. E-mail

internet (f)	**internet** (m)	[ɪntɛrnɛt]
browser (m)	**prohlížeč** (m)	[prohli:ʒeʧ]
motor (m) de busca	**vyhledávací zdroj** (m)	[vɪhlɛda:vaʦi: zdroj]
provedor (m)	**dodavatel** (m)	[dodavatɛl]
webmaster (m)	**web-master** (m)	[vɛb-mastɛr]
website (m)	**webové stránky** (ž mn)	[vɛbovɛ: stra:ŋkɪ]
web page (f)	**webová stránka** (ž)	[vɛbova: stra:ŋka]
endereço (m)	**adresa** (ž)	[adrɛsa]
livro (m) de endereços	**adresář** (m)	[adrɛsa:rʃ]
caixa (f) de correio	**e-mailová schránka** (ž)	[i:mɛjlova: sxra:ŋka]
correio (m)	**pošta** (ž)	[poʃta]
mensagem (f)	**zpráva** (ž)	[spra:va]
remetente (m)	**odesílatel** (m)	[odɛsi:latɛl]
enviar (vt)	**odeslat**	[odɛslat]
envio (m)	**odeslání** (s)	[odɛsla:ni:]
destinatário (m)	**příjemce** (m)	[prʃi:jɛmʦɛ]
receber (vt)	**dostat**	[dostat]
correspondência (f)	**korespondence** (ž)	[korɛspondɛnʦɛ]
corresponder-se (vr)	**korespondovat**	[korɛspondovat]
arquivo (m)	**soubor** (m)	[soubor]
fazer download, baixar (vt)	**stáhnout**	[sta:hnout]
criar (vt)	**vytvořit**	[vɪtvorʒɪt]
deletar (vt)	**vymazat**	[vɪmazat]
deletado (adj)	**vymazaný**	[vɪmazani:]
conexão (f)	**spojení** (s)	[spojɛni:]
velocidade (f)	**rychlost** (ž)	[rɪxlost]
modem (m)	**modem** (m)	[modɛm]
acesso (m)	**přístup** (m)	[prʃi:stup]
porta (f)	**port** (m)	[port]
conexão (f)	**připojení** (s)	[prʃɪpojɛni:]
conectar (vi)	**připojit se**	[prʃɪpojɪt sɛ]
escolher (vt)	**vybrat**	[vɪbrat]
buscar (vt)	**hledat**	[hlɛdat]

103. Eletricidade

eletricidade (f)	**elektřina** (ž)	[ɛlɛktrʃɪna]
elétrico (adj)	**elektrický**	[ɛlɛktrɪʦki:]
planta (f) elétrica	**elektrárna** (ž)	[ɛlɛktra:rna]
energia (f)	**energie** (ž)	[ɛnɛrgɪe]
energia (f) elétrica	**elektrická energie** (ž)	[ɛlɛktrɪʦka: ɛnɛrgɪe]
lâmpada (f)	**žárovka** (ž)	[ʒa:rofka]
lanterna (f)	**baterka** (ž)	[batɛrka]
poste (m) de iluminação	**pouliční lampa** (ž)	[poulɪʧni: lampa]
luz (f)	**světlo** (s)	[svetlo]
ligar (vt)	**zapínat**	[zapi:nat]
desligar (vt)	**vypínat**	[vɪpi:nat]
apagar a luz	**zhasnout světlo**	[zhasnout svetlo]
queimar (vi)	**přepálit se**	[prʃɛpa:lɪt sɛ]
curto-circuito (m)	**krátké spojení** (s)	[kra:tkɛ: spojɛni:]
ruptura (f)	**přetržení** (s)	[prʃɛtrʒeni:]
contato (m)	**kontakt** (m)	[kontakt]
interruptor (m)	**vypínač** (m)	[vɪpi:naʧ]
tomada (de parede)	**zásuvka** (ž)	[za:sufka]
plugue (m)	**zástrčka** (ž)	[za:strʧka]
extensão (f)	**prodlužovák** (m)	[prodluʒova:k]
fusível (m)	**pojistka** (ž)	[pojɪstka]
fio, cabo (m)	**vodič** (m)	[vodɪʧ]
instalação (f) elétrica	**vedení** (s)	[vɛdɛni:]
ampère (m)	**ampér** (m)	[ampɛ:r]
amperagem (f)	**intenzita** (ž) **proudu**	[ɪntɛnzɪta proudu]
volt (m)	**volt** (m)	[volt]
voltagem (f)	**napětí** (s)	[napeti:]
aparelho (m) elétrico	**elektrický přístroj** (m)	[ɛlɛktrɪʦki: prʃi:stroj]
indicador (m)	**indikátor** (m)	[ɪndɪka:tor]
eletricista (m)	**elektrotechnik** (m)	[ɛlɛktrotɛxnɪk]
soldar (vt)	**letovat**	[lɛtovat]
soldador (m)	**letovačka** (ž)	[lɛtovaʧka]
corrente (f) elétrica	**proud** (m)	[prout]

104. Ferramentas

ferramenta (f)	**nářadí** (s)	[na:rʒadi:]
ferramentas (f pl)	**nástroje** (m mn)	[nastrojɛ]
equipamento (m)	**zařízení** (s)	[zarʒi:zɛni:]
martelo (m)	**kladivo** (s)	[kladɪvo]
chave (f) de fenda	**šroubovák** (m)	[ʃroubova:k]
machado (m)	**sekera** (ž)	[sɛkɛra]

serra (f)	**pila** (ž)	[pɪla]
serrar (vt)	**řezat**	[rʒɛzat]
plaina (f)	**hoblík** (m)	[hobli:k]
aplainar (vt)	**hoblovat**	[hoblovat]
soldador (m)	**letovačka** (ž)	[lɛtovaʧka]
soldar (vt)	**letovat**	[lɛtovat]
lima (f)	**pilník** (m)	[pɪlni:k]
tenaz (f)	**kleště** (ž mn)	[klɛʃte]
alicate (m)	**ploché kleště** (ž mn)	[ploxɛ: klɛʃte]
formão (m)	**dláto** (s)	[dla:to]
broca (f)	**vrták** (m)	[vrta:k]
furadeira (f) elétrica	**svidřík** (m)	[svɪdrʒi:k]
furar (vt)	**vrtat**	[vrtat]
faca (f)	**nůž** (m)	[nu:ʃ]
lâmina (f)	**čepel** (ž)	[ʧɛpɛl]
afiado (adj)	**ostrý**	[ostri:]
cego (adj)	**tupý**	[tupi:]
embotar-se (vr)	**ztupit se**	[stupɪt sɛ]
afiar, amolar (vt)	**ostřit**	[ostrʃɪt]
parafuso (m)	**šroub** (m)	[ʃroup]
porca (f)	**matice** (ž)	[matɪʦɛ]
rosca (f)	**závit** (m)	[za:vɪt]
parafuso (para madeira)	**vrut** (m)	[vrut]
prego (m)	**hřebík** (m)	[hrʒɛbi:k]
cabeça (f) do prego	**hlavička** (ž)	[hlavɪʧka]
régua (f)	**pravítko** (s)	[pravi:tko]
fita (f) métrica	**měřicí pásmo** (s)	[mnerʒɪʦi: pa:smo]
nível (m)	**libela** (ž)	[lɪbɛla]
lupa (f)	**lupa** (ž)	[lupa]
medidor (m)	**měřicí přístroj** (m)	[mnerʒɪʦi: prʃi:stroj]
medir (vt)	**měřit**	[mnerʒɪt]
escala (f)	**stupnice** (ž)	[stupnɪʦɛ]
indicação (f), registro (m)	**údaje** (m mn)	[u:dajɛ]
compressor (m)	**kompresor** (m)	[komprɛsor]
microscópio (m)	**mikroskop** (m)	[mɪkroskop]
bomba (f)	**pumpa** (ž)	[pumpa]
robô (m)	**robot** (m)	[robot]
laser (m)	**laser** (m)	[lɛjzr]
chave (f) de boca	**maticový klíč** (m)	[matɪʦovi: kli:ʧ]
fita (f) adesiva	**lepicí páska** (ž)	[lɛpɪʦi: pa:ska]
cola (f)	**lepidlo** (s)	[lɛpɪdlo]
lixa (f)	**smirkový papír** (m)	[smɪrkovi: papi:r]
mola (f)	**pružina** (ž)	[pruʒɪna]
ímã (m)	**magnet** (m)	[magnɛt]

luva (f)	**rukavice** (ž mn)	[rukavɪʦɛ]
corda (f)	**provaz** (m)	[provaz]
cabo (~ de nylon, etc.)	**šňůra** (ž)	[ʃnu:ra]
fio (m)	**vodič** (m)	[vodɪʧ]
cabo (~ elétrico)	**kabel** (m)	[kabɛl]
marreta (f)	**palice** (ž)	[palɪʦɛ]
pé de cabra (m)	**sochor** (m)	[soxor]
escada (f) de mão	**žebřík** (m)	[ʒebrʒi:k]
escada (m)	**dvojitý žebřík** (m)	[dvojɪti: ʒebrʒi:k]
enroscar (vt)	**zakroutit**	[zakroutɪt]
desenroscar (vt)	**odšroubovávat**	[otʃroubova:vat]
apertar (vt)	**svírat**	[svi:rat]
colar (vt)	**přilepit**	[prʃɪlɛpɪt]
cortar (vt)	**řezat**	[rʒɛzat]
falha (f)	**porucha** (ž)	[poruxa]
conserto (m)	**oprava** (ž)	[oprava]
consertar, reparar (vt)	**opravovat**	[opravovat]
regular, ajustar (vt)	**seřizovat**	[sɛrʒɪzovat]
verificar (vt)	**zkoušet**	[skouʃɛt]
verificação (f)	**kontrola** (ž)	[kontrola]
indicação (f), registro (m)	**údaj** (m)	[u:daj]
seguro (adj)	**spolehlivý**	[spolɛhlɪvi:]
complicado (adj)	**složitý**	[sloʒɪti:]
enferrujar (vi)	**rezavět**	[rɛzavet]
enferrujado (adj)	**rezavý**	[rɛzavi:]
ferrugem (f)	**rez** (ž)	[rɛz]

Transportes

105. Avião

avião (m)	**letadlo** (s)	[lɛtadlo]
passagem (f) aérea	**letenka** (ž)	[lɛtɛŋka]
companhia (f) aérea	**letecká společnost** (ž)	[lɛtɛt͡ska: spolɛt͡ʃnost]
aeroporto (m)	**letiště** (s)	[lɛtɪʃte]
supersônico (adj)	**nadzvukový**	[nadzvukovi:]
comandante (m) do avião	**velitel** (m) **posádky**	[vɛlɪtɛl posa:tkɪ]
tripulação (f)	**posádka** (ž)	[posa:tka]
piloto (m)	**pilot** (m)	[pɪlot]
aeromoça (f)	**letuška** (ž)	[lɛtuʃka]
copiloto (m)	**navigátor** (m)	[navɪga:tor]
asas (f pl)	**křídla** (s mn)	[krʃi:dla]
cauda (f)	**ocas** (m)	[ot͡sas]
cabine (f)	**kabina** (ž)	[kabɪna]
motor (m)	**motor** (m)	[motor]
trem (m) de pouso	**podvozek** (m)	[podvozɛk]
turbina (f)	**turbína** (ž)	[turbi:na]
hélice (f)	**vrtule** (ž)	[vrtulɛ]
caixa-preta (f)	**černá skříňka** (ž)	[t͡ʃɛrna: skrʃi:nʲka]
coluna (f) de controle	**řídicí páka** (ž)	[rʒi:dɪt͡si: pa:ka]
combustível (m)	**palivo** (s)	[palɪvo]
instruções (f pl) de segurança	**předpis** (m)	[prʃɛtpɪs]
máscara (f) de oxigênio	**kyslíková maska** (ž)	[kɪsli:kova: maska]
uniforme (m)	**uniforma** (ž)	[unɪforma]
colete (m) salva-vidas	**záchranná vesta** (ž)	[za:xranna: vɛsta]
paraquedas (m)	**padák** (m)	[pada:k]
decolagem (f)	**start** (m) **letadla**	[start lɛtadla]
descolar (vi)	**vzlétat**	[vzlɛ:tat]
pista (f) de decolagem	**rozjezdová dráha** (ž)	[rozjɛzdova: dra:ha]
visibilidade (f)	**viditelnost** (ž)	[vɪdɪtɛlnost]
voo (m)	**let** (m)	[lɛt]
altura (f)	**výška** (ž)	[vi:ʃka]
poço (m) de ar	**vzdušná jáma** (ž)	[vzduʃna: jama]
assento (m)	**místo** (s)	[mi:sto]
fone (m) de ouvido	**sluchátka** (s mn)	[sluxa:tka]
mesa (f) retrátil	**odklápěcí stolek** (m)	[otkla:pet͡si: stolɛk]
janela (f)	**okénko** (s)	[okɛ:ŋko]
corredor (m)	**chodba** (ž)	[xodba]

106. Comboio

trem (m)	**vlak** (m)	[vlak]
trem (m) elétrico	**elektrický vlak** (m)	[ɛlɛktrɪʦki: vlak]
trem (m)	**rychlík** (m)	[rɪxli:k]
locomotiva (f) diesel	**motorová lokomotiva** (ž)	[motorova: lokomotɪva]
locomotiva (f) a vapor	**parní lokomotiva** (ž)	[parni: lokomotɪva]
vagão (f) de passageiros	**vůz** (m)	[vu:z]
vagão-restaurante (m)	**jídelní vůz** (m)	[ji:dɛlni: vu:z]
carris (m pl)	**koleje** (ž mn)	[kolɛjɛ]
estrada (f) de ferro	**železnice** (ž mn)	[ʒelɛznɪʦɛ]
travessa (f)	**pražec** (m)	[praʒeʦ]
plataforma (f)	**nástupiště** (s)	[na:stupɪʃte]
linha (f)	**kolej** (ž)	[kolɛj]
semáforo (m)	**návěstidlo** (s)	[na:vestɪdlo]
estação (f)	**stanice** (ž)	[stanɪʦɛ]
maquinista (m)	**strojvůdce** (m)	[strojvu:dʦɛ]
bagageiro (m)	**nosič** (m)	[nosɪʧ]
hospedeiro, -a (m, f)	**průvodčí** (m)	[pru:vodʧi:]
passageiro (m)	**cestující** (m)	[ʦɛstuji:ʦi:]
revisor (m)	**revizor** (m)	[rɛvɪzor]
corredor (m)	**chodba** (ž)	[xodba]
freio (m) de emergência	**záchranná brzda** (ž)	[za:xranna: brzda]
compartimento (m)	**oddělení** (s)	[oddelɛni:]
cama (f)	**lůžko** (s)	[lu:ʃko]
cama (f) de cima	**horní lůžko** (s)	[horni: lu:ʃko]
cama (f) de baixo	**dolní lůžko** (s)	[dolni: lu:ʃko]
roupa (f) de cama	**lůžkoviny** (ž mn)	[lu:ʃkovɪnɪ]
passagem (f)	**jízdenka** (ž)	[ji:zdɛŋka]
horário (m)	**jízdní řád** (m)	[ji:zdni: rʒa:t]
painel (m) de informação	**tabule** (ž)	[tabulɛ]
partir (vt)	**odjíždět**	[odji:ʒdet]
partida (f)	**odjezd** (m)	[odjɛst]
chegar (vi)	**přijíždět**	[prʃɪji:ʒdet]
chegada (f)	**příjezd** (m)	[prʃi:jɛst]
chegar de trem	**přijet vlakem**	[prʃɪɛt vlakɛm]
pegar o trem	**nastoupit do vlaku**	[nastoupɪt do vlaku]
descer de trem	**vystoupit z vlaku**	[vɪstoupɪt z vlaku]
acidente (m) ferroviário	**železniční neštěstí** (s)	[ʒelɛznɪʧni: nɛʃtesti:]
locomotiva (f) a vapor	**parní lokomotiva** (ž)	[parni: lokomotɪva]
foguista (m)	**topič** (m)	[topɪʧ]
fornalha (f)	**topeniště** (s)	[topɛnɪʃte]
carvão (m)	**uhlí** (s)	[uhli:]

107. Barco

navio (m)	**loď** (ž)	[lotʲ]
embarcação (f)	**loď** (ž)	[lotʲ]
barco (m) a vapor	**parník** (m)	[parni:k]
barco (m) fluvial	**říční loď** (ž)	[riʧni lotʲ]
transatlântico (m)	**linková loď** (ž)	[lɪŋkova: lotʲ]
cruzeiro (m)	**křižník** (m)	[krʒɪʒni:k]
iate (m)	**jachta** (ž)	[jaxta]
rebocador (m)	**vlek** (m)	[vlɛk]
barcaça (f)	**vlečná nákladní loď** (ž)	[vlɛʧna: na:kladni: lotʲ]
ferry (m)	**prám** (m)	[pra:m]
veleiro (m)	**plachetnice** (ž)	[plaxɛtnɪʦɛ]
bergantim (m)	**brigantina** (ž)	[brɪganti:na]
quebra-gelo (m)	**ledoborec** (m)	[lɛdoborɛʦ]
submarino (m)	**ponorka** (ž)	[ponorka]
bote, barco (m)	**loďka** (ž)	[lotʲka]
baleeira (bote salva-vidas)	**člun** (m)	[ʧlun]
bote (m) salva-vidas	**záchranný člun** (m)	[za:xranni: ʧlun]
lancha (f)	**motorový člun** (m)	[motorovi: ʧlun]
capitão (m)	**kapitán** (m)	[kapɪta:n]
marinheiro (m)	**námořník** (m)	[na:morʒni:k]
marujo (m)	**námořník** (m)	[na:morʒni:k]
tripulação (f)	**posádka** (ž)	[posa:tka]
contramestre (m)	**loďmistr** (m)	[lodʲmɪstr]
grumete (m)	**plavčík** (m)	[plavʧi:k]
cozinheiro (m) de bordo	**lodní kuchař** (m)	[lodni: kuxarʃ]
médico (m) de bordo	**lodní lékař** (m)	[lodni: lɛ:karʃ]
convés (m)	**paluba** (ž)	[paluba]
mastro (m)	**stěžeň** (m)	[steʒenʲ]
vela (f)	**plachta** (ž)	[plaxta]
porão (m)	**podpalubí** (s)	[potpalubi:]
proa (f)	**příď** (ž)	[prʃi:tʲ]
popa (f)	**záď** (ž)	[za:tʲ]
remo (m)	**veslo** (s)	[vɛslo]
hélice (f)	**lodní šroub** (m)	[lodni: ʃroup]
cabine (m)	**kajuta** (ž)	[kajuta]
sala (f) dos oficiais	**společenská místnost** (ž)	[spolɛʧɛnska: mi:stnost]
sala (f) das máquinas	**strojovna** (ž)	[strojovna]
ponte (m) de comando	**kapitánský můstek** (m)	[kapɪta:nski: mu:stɛk]
sala (f) de comunicações	**rádiová kabina** (ž)	[ra:dɪova: kabɪna]
onda (f)	**vlna** (ž)	[vlna]
diário (m) de bordo	**lodní deník** (m)	[lodni: dɛni:k]
luneta (f)	**dalekohled** (m)	[dalɛkohlet]
sino (m)	**zvon** (m)	[zvon]

bandeira (f)	**vlajka** (ž)	[vlajka]
cabo (m)	**lano** (s)	[lano]
nó (m)	**uzel** (m)	[uzɛl]
corrimão (m)	**zábradlí** (s)	[za:bradli:]
prancha (f) de embarque	**schůdky** (m mn)	[sxu:tkɪ]
âncora (f)	**kotva** (ž)	[kotva]
recolher a âncora	**zvednout kotvy**	[zvɛdnout kotvɪ]
jogar a âncora	**spustit kotvy**	[spustɪt kotvɪ]
amarra (corrente de âncora)	**kotevní řetěz** (m)	[kotɛvni: rʒɛtez]
porto (m)	**přístav** (m)	[prʃi:staf]
cais, amarradouro (m)	**přístaviště** (s)	[prʃi:stavɪʃte]
atracar (vi)	**přistávat**	[prʃɪsta:vat]
desatracar (vi)	**vyplouvat**	[vɪplouvat]
viagem (f)	**cestování** (s)	[ʦɛstova:ni:]
cruzeiro (m)	**výletní plavba** (ž)	[vi:letni: plavba]
rumo (m)	**kurz** (m)	[kurs]
itinerário (m)	**trasa** (ž)	[trasa]
canal (m) de navegação	**plavební dráha** (ž)	[plavɛbni: dra:ha]
banco (m) de areia	**mělčina** (ž)	[mnelʧɪna]
encalhar (vt)	**najet na mělčinu**	[najɛt na mnelʧɪnu]
tempestade (f)	**bouřka** (ž)	[bourʃka]
sinal (m)	**signál** (m)	[sɪgna:l]
afundar-se (vr)	**potápět se**	[pota:pet sɛ]
SOS	**SOS**	[ɛs o: ɛs]
boia (f) salva-vidas	**záchranný kruh** (m)	[za:xranni: krux]

108. Aeroporto

aeroporto (m)	**letiště** (s)	[lɛtɪʃte]
avião (m)	**letadlo** (s)	[lɛtadlo]
companhia (f) aérea	**letecká společnost** (ž)	[lɛtɛʦka: spolɛʧnost]
controlador (m) de tráfego aéreo	**dispečer** (m)	[dɪspɛʧɛr]
partida (f)	**odlet** (m)	[odlɛt]
chegada (f)	**přílet** (m)	[prʃi:lɛt]
chegar (vi)	**přiletět**	[prʃɪlɛtet]
hora (f) de partida	**čas** (m) **odletu**	[ʧas odlɛtu]
hora (f) de chegada	**čas** (m) **příletu**	[ʧas prʃilɛtu]
estar atrasado	**mít zpoždění**	[mi:t spoʒdɛni:]
atraso (m) de voo	**zpoždění** (s) **odletu**	[spoʒdeni: odlɛtu]
painel (m) de informação	**informační tabule** (ž)	[ɪnformaʧni: tabulɛ]
informação (f)	**informace** (ž)	[ɪnformaʦɛ]
anunciar (vt)	**hlásit**	[hla:sɪt]
voo (m)	**let** (m)	[lɛt]

alfândega (f)	**celnice** (ž)	[ʦɛlnɪʦɛ]
funcionário (m) da alfândega	**celník** (m)	[ʦɛlni:k]
declaração (f) alfandegária	**prohlášení** (s)	[prohla:ʃɛni:]
preencher a declaração	**vyplnit prohlášení**	[vɪplnɪt prohla:ʃɛni:]
controle (m) de passaporte	**pasová kontrola** (ž)	[pasova: kontrola]
bagagem (f)	**zavazadla** (s mn)	[zavazadla]
bagagem (f) de mão	**příruční zavazadlo** (s)	[prʃi:ruʧni: zavazadlo]
carrinho (m)	**vozík** (m) **na zavazadla**	[vozi:k na zavazadla]
pouso (m)	**přistání** (s)	[prʃɪsta:ni:]
pista (f) de pouso	**přistávací dráha** (ž)	[prʃɪsta:vaʦi: dra:ha]
aterrissar (vi)	**přistávat**	[prʃɪsta:vat]
escada (f) de avião	**pojízdné schůdky** (m mn)	[poji:zdnɛ: sxu:tkɪ]
check-in (m)	**registrace** (ž)	[rɛgɪstraʦɛ]
balcão (m) do check-in	**přepážka** (ž) **registrace**	[prʃɛpa:ʃka rɛgɪstraʦɛ]
fazer o check-in	**zaregistrovat se**	[zarɛgɪstrovat sɛ]
cartão (m) de embarque	**palubní lístek** (m)	[palubni: li:stɛk]
portão (m) de embarque	**příchod** (m) **k nástupu**	[prʃi:xot k na:stupu]
trânsito (m)	**tranzit** (m)	[tranzɪt]
esperar (vi, vt)	**čekat**	[ʧɛkat]
sala (f) de espera	**čekárna** (ž)	[ʧɛka:rna]
despedir-se (acompanhar)	**doprovázet**	[doprova:zɛt]
despedir-se (dizer adeus)	**loučit se**	[louʧɪt sɛ]

Eventos

109. Férias. Evento

festa (f)	**svátek** (m)	[sva:tɛk]
feriado (m) nacional	**národní svátek** (m)	[na:rodni: sva:tɛk]
feriado (m)	**sváteční den** (m)	[sva:tɛʧni: dɛn]
festejar (vt)	**oslavovat**	[oslavovat]
evento (festa, etc.)	**událost** (ž)	[uda:lost]
evento (banquete, etc.)	**akce** (ž)	[akʦɛ]
banquete (m)	**banket** (m)	[baŋkɛt]
recepção (f)	**recepce** (ž)	[rɛʦɛpʦɛ]
festim (m)	**hostina** (ž)	[hostɪna]
aniversário (m)	**výročí** (s)	[vi:roʧi:]
jubileu (m)	**jubileum** (s)	[jubɪlɛjum]
celebrar (vt)	**oslavit**	[oslavɪt]
Ano (m) Novo	**Nový rok** (m)	[novi: rok]
Feliz Ano Novo!	**Šťastný nový rok!**	[ʃtʲastni: novi: rok]
Natal (m)	**Vánoce** (ž mn)	[va:noʦɛ]
Feliz Natal!	**Veselé Vánoce!**	[vɛsɛlɛ: va:noʦɛ]
árvore (f) de Natal	**vánoční stromek** (m)	[va:noʧni: stromɛk]
fogos (m pl) de artifício	**ohňostroj** (m)	[ohnʲostroj]
casamento (m)	**svatba** (ž)	[svatba]
noivo (m)	**ženich** (m)	[ʒenɪx]
noiva (f)	**nevěsta** (ž)	[nɛvesta]
convidar (vt)	**zvát**	[zva:t]
convite (m)	**pozvánka** (ž)	[pozva:ŋka]
convidado (m)	**host** (m)	[host]
visitar (vt)	**jít na návštěvu**	[ji:t na na:vʃtevu]
receber os convidados	**vítat hosty**	[vitat hostɪ]
presente (m)	**dárek** (m)	[da:rɛk]
oferecer, dar (vt)	**darovat**	[darovat]
receber presentes	**dostávat dárky**	[dosta:vat da:rkɪ]
buquê (m) de flores	**kytice** (ž)	[kɪtɪʦɛ]
felicitações (f pl)	**blahopřání** (s)	[blahoprʃa:ni:]
felicitar (vt)	**blahopřát**	[blahoprʃa:t]
cartão (m) de parabéns	**blahopřejný lístek** (m)	[blahoprʃɛjni: li:stɛk]
enviar um cartão postal	**poslat lístek**	[poslat li:stɛk]
receber um cartão postal	**dostat lístek**	[dostat li:stɛk]
brinde (m)	**přípitek** (m)	[prʃi:pɪtɛk]

oferecer (vt)	**častovat**	[ʧastovat]
champanhe (m)	**šampaňské** (s)	[ʃampanʲskɛ:]
divertir-se (vr)	**bavit se**	[bavɪt sɛ]
diversão (f)	**zábava** (ž)	[za:bava]
alegria (f)	**radost** (ž)	[radost]
dança (f)	**tanec** (m)	[tanɛʦ]
dançar (vi)	**tančit**	[tanʧɪt]
valsa (f)	**valčík** (m)	[valʧi:k]
tango (m)	**tango** (s)	[tango]

110. Funerais. Enterro

cemitério (m)	**hřbitov** (m)	[hrʒbɪtof]
sepultura (f), túmulo (m)	**hrob** (m)	[hrop]
cruz (f)	**kříž** (m)	[krʃi:ʃ]
lápide (f)	**náhrobek** (m)	[na:hrobɛk]
cerca (f)	**ohrádka** (ž)	[ohra:tka]
capela (f)	**kaple** (ž)	[kaplɛ]
morte (f)	**úmrtí** (s)	[u:mrti:]
morrer (vi)	**umřít**	[umrʒi:t]
defunto (m)	**zemřelý** (m)	[zɛmrʒɛli:]
luto (m)	**smutek** (m)	[smutɛk]
enterrar, sepultar (vt)	**pohřbívat**	[pohrʒbi:vat]
funerária (f)	**pohřební ústav** (m)	[pohrʒɛbni: u:staf]
funeral (m)	**pohřeb** (m)	[pohrʒɛp]
coroa (f) de flores	**věnec** (m)	[venɛʦ]
caixão (m)	**rakev** (ž)	[rakɛf]
carro (m) funerário	**katafalk** (m)	[katafalk]
mortalha (f)	**pohřební roucho** (m)	[pohrʒɛbni: rouxo]
urna (f) funerária	**popelnice** (ž)	[popɛlnɪʦɛ]
crematório (m)	**krematorium** (s)	[krɛmatorɪum]
obituário (m), necrologia (f)	**nekrolog** (m)	[nɛkrolog]
chorar (vi)	**plakat**	[plakat]
soluçar (vi)	**vzlykat**	[vzlɪkat]

111. Guerra. Soldados

pelotão (m)	**četa** (ž)	[ʧɛta]
companhia (f)	**rota** (ž)	[rota]
regimento (m)	**pluk** (m)	[pluk]
exército (m)	**armáda** (ž)	[arma:da]
divisão (f)	**divize** (ž)	[dɪvɪzɛ]
esquadrão (m)	**oddíl** (m)	[oddi:l]
hoste (f)	**vojsko** (s)	[vojsko]

soldado (m)	**voják** (m)	[voja:k]
oficial (m)	**důstojník** (m)	[du:stojni:k]
soldado (m) raso	**vojín** (m)	[voji:n]
sargento (m)	**seržant** (m)	[sɛrʒant]
tenente (m)	**poručík** (m)	[porutʃi:k]
capitão (m)	**kapitán** (m)	[kapɪta:n]
major (m)	**major** (m)	[major]
coronel (m)	**plukovník** (m)	[plukovni:k]
general (m)	**generál** (m)	[gɛnɛra:l]
marujo (m)	**námořník** (m)	[na:morʒni:k]
capitão (m)	**kapitán** (m)	[kapɪta:n]
contramestre (m)	**loďmistr** (m)	[lodʲmɪstr]
artilheiro (m)	**dělostřelec** (m)	[delostrʃɛlɛts]
soldado (m) paraquedista	**výsadkář** (m)	[vi:satka:rʃ]
piloto (m)	**letec** (m)	[lɛtɛts]
navegador (m)	**navigátor** (m)	[navɪga:tor]
mecânico (m)	**mechanik** (m)	[mɛxanɪk]
sapador-mineiro (m)	**ženista** (m)	[ʒenɪsta]
paraquedista (m)	**parašutista** (m)	[paraʃutɪsta]
explorador (m)	**rozvědčík** (m)	[rozvedtʃi:k]
atirador (m) de tocaia	**odstřelovač** (m)	[otstrʃɛlovatʃ]
patrulha (f)	**hlídka** (ž)	[hli:tka]
patrulhar (vt)	**hlídkovat**	[hli:tkovat]
sentinela (f)	**strážný** (m)	[stra:ʒni:]
guerreiro (m)	**vojín** (m)	[voji:n]
patriota (m)	**vlastenec** (m)	[vlastɛnɛts]
herói (m)	**hrdina** (m)	[hrdɪna]
heroína (f)	**hrdinka** (ž)	[hrdɪŋka]
traidor (m)	**zrádce** (m)	[zra:dtsɛ]
desertor (m)	**zběh** (m)	[zbex]
desertar (vt)	**dezertovat**	[dɛzɛrtovat]
mercenário (m)	**žoldnéř** (m)	[ʒoldnɛ:rʃ]
recruta (m)	**branec** (m)	[branɛts]
voluntário (m)	**dobrovolník** (m)	[dobrovolni:k]
morto (m)	**zabitý** (m)	[zabɪti:]
ferido (m)	**raněný** (m)	[raneni:]
prisioneiro (m) de guerra	**zajatec** (m)	[zajatɛts]

112. Guerra. Ações militares. Parte 1

guerra (f)	**válka** (ž)	[va:lka]
guerrear (vt)	**bojovat**	[bojovat]
guerra (f) civil	**občanská válka** (ž)	[obtʃanska: va:lka]
perfidamente	**věrolomně**	[verolomne]
declaração (f) de guerra	**vyhlášení** (s)	[vɪhla:ʃɛni:]

declarar guerra	**vyhlásit**	[vɪhla:sɪt]
agressão (f)	**agrese** (ž)	[agrɛsɛ]
atacar (vt)	**přepadat**	[prʃɛpadat]
invadir (vt)	**uchvacovat**	[uxvatsovat]
invasor (m)	**uchvatitel** (m)	[uxvatɪtɛl]
conquistador (m)	**dobyvatel** (m)	[dobɪvatɛl]
defesa (f)	**obrana** (ž)	[obrana]
defender (vt)	**bránit**	[bra:nɪt]
defender-se (vr)	**bránit se**	[bra:nɪt sɛ]
inimigo, adversário (m)	**nepřítel** (m)	[nɛprʃi:tɛl]
inimigo (adj)	**nepřátelský**	[nɛprʃa:tɛlski:]
estratégia (f)	**strategie** (ž)	[stratɛgɪe]
tática (f)	**taktika** (ž)	[taktɪka]
ordem (f)	**rozkaz** (m)	[roskas]
comando (m)	**povel** (m)	[povɛl]
ordenar (vt)	**rozkazovat**	[roskazovat]
missão (f)	**úkol** (m)	[u:kol]
secreto (adj)	**tajný**	[tajni:]
batalha (f)	**bitva** (ž)	[bɪtva]
combate (m)	**boj** (m)	[boj]
ataque (m)	**útok** (m)	[u:tok]
assalto (m)	**útok** (m)	[u:tok]
assaltar (vt)	**dobývat útokem**	[dobi:vat u:tokɛm]
assédio, sítio (m)	**obležení** (s)	[oblɛʒeni:]
ofensiva (f)	**ofenzíva** (ž)	[ofɛnzi:va]
tomar à ofensiva	**zahájit ofenzivu**	[zaha:jɪt ofɛnzivu]
retirada (f)	**ústup** (m)	[u:stup]
retirar-se (vr)	**ustupovat**	[ustupovat]
cerco (m)	**obklíčení** (s)	[opkli:tʃɛni:]
cercar (vt)	**obkličovat**	[opklɪtʃovat]
bombardeio (m)	**bombardování** (s)	[bombardova:ni:]
lançar uma bomba	**shodit pumu**	[sxodɪt pumu]
bombardear (vt)	**bombardovat**	[bombardovat]
explosão (f)	**výbuch** (m)	[vi:bux]
tiro (m)	**výstřel** (m)	[vi:strʃɛl]
dar um tiro	**vystřelit**	[vɪstrʒɛlɪt]
tiroteio (m)	**střelba** (ž)	[strʃɛlba]
apontar para ...	**mířit**	[mi:rʒɪt]
apontar (vt)	**zamířit**	[zami:rʒɪt]
acertar (vt)	**zasáhnout**	[zasa:hnout]
afundar (~ um navio, etc.)	**potopit**	[potopɪt]
brecha (f)	**trhlina** (ž)	[trhlɪna]

afundar-se (vr)	**topit se**	[topɪt sɛ]
frente (m)	**fronta** (ž)	[fronta]
evacuação (f)	**evakuace** (ž)	[ɛvakuatsɛ]
evacuar (vt)	**evakuovat**	[ɛvakuovat]
arame (m) enfarpado	**ostnatý drát** (m)	[ostnati: dra:t]
barreira (f) anti-tanque	**zátaras** (m)	[za:taras]
torre (f) de vigia	**věž** (ž)	[veʃ]
hospital (m) militar	**vojenská nemocnice** (ž)	[vojɛnska: nɛmotsnɪtsɛ]
ferir (vt)	**zranit**	[zranɪt]
ferida (f)	**rána** (ž)	[ra:na]
ferido (m)	**raněný** (m)	[raneni:]
ficar ferido	**utrpět zranění**	[utrpet zraneni:]
grave (ferida ~)	**těžký**	[teʃki:]

113. Guerra. Ações militares. Parte 2

cativeiro (m)	**zajetí** (s)	[zajɛti:]
capturar (vt)	**zajmout**	[zajmout]
estar em cativeiro	**být v zajetí**	[bi:t v zajɛti:]
ser aprisionado	**dostat se do zajetí**	[dostat sɛ do zajɛti:]
campo (m) de concentração	**koncentrační tábor** (m)	[kontsɛntratʃni: ta:bor]
prisioneiro (m) de guerra	**zajatec** (m)	[zajatɛts]
escapar (vi)	**utéci**	[utɛ:tsɪ]
trair (vt)	**zradit**	[zradɪt]
traidor (m)	**zrádce** (m)	[zra:dtsɛ]
traição (f)	**zrada** (ž)	[zrada]
fuzilar, executar (vt)	**zastřelit**	[zastrʃɛlɪt]
fuzilamento (m)	**smrt** (ž) **zastřelením**	[smrt zastrʃɛlɛni:m]
equipamento (m)	**výstroj** (ž)	[vi:stroj]
insígnia (f) de ombro	**nárameník** (m)	[na:ramɛni:k]
máscara (f) de gás	**plynová maska** (ž)	[plɪnova: maska]
rádio (m)	**vysílačka** (ž)	[vɪsi:latʃka]
cifra (f), código (m)	**šifra** (ž)	[ʃɪfra]
conspiração (f)	**konspirace** (ž)	[konspɪratsɛ]
senha (f)	**heslo** (s)	[hɛslo]
mina (f)	**mina** (ž)	[mɪna]
minar (vt)	**zaminovat**	[zamɪnovat]
campo (m) minado	**minové pole** (s)	[mɪnovɛ: polɛ]
alarme (m) aéreo	**letecký poplach** (m)	[lɛtɛtski: poplax]
alarme (m)	**poplach** (m)	[poplax]
sinal (m)	**signál** (m)	[sɪgna:l]
sinalizador (m)	**světlice** (ž)	[svetlɪtsɛ]
quartel-general (m)	**štáb** (m)	[ʃta:p]
reconhecimento (m)	**rozvědka** (ž)	[rozvetka]

situação (f)	**situace** (ž)	[sɪtuaʦɛ]
relatório (m)	**hlášení** (s)	[hla:ʃɛni:]
emboscada (f)	**záloha** (ž)	[za:loha]
reforço (m)	**posila** (ž)	[posɪla]
alvo (m)	**terč** (m)	[tɛrʧ]
campo (m) de tiro	**střelnice** (ž)	[strʃɛlnɪʦɛ]
manobras (f pl)	**manévry** (m mn)	[manɛ:vrɪ]
pânico (m)	**panika** (ž)	[panɪka]
devastação (f)	**rozvrat** (m)	[rozvrat]
ruínas (f pl)	**zpustošení** (s)	[spustoʃɛni:]
destruir (vt)	**zpustošit**	[spustoʃɪt]
sobreviver (vi)	**přežít**	[prʃɛʒi:t]
desarmar (vt)	**odzbrojit**	[odzbrojɪt]
manusear (vt)	**zacházet**	[zaxa:zɛt]
Sentido!	**Pozor!**	[pozor]
Descansar!	**Pohov!**	[pohof]
façanha (f)	**hrdinský čin** (m)	[hrdɪnski: ʧɪn]
juramento (m)	**přísaha** (ž)	[prʃi:saha]
jurar (vi)	**přísahat**	[prʃi:sahat]
condecoração (f)	**vyznamenání** (s)	[vɪznamɛna:ni:]
condecorar (vt)	**vyznamenávat**	[vɪznamɛna:vat]
medalha (f)	**medaile** (ž)	[mɛdajlɛ]
ordem (f)	**řád** (m)	[rʒa:t]
vitória (f)	**vítězství** (s)	[vi:tezstvi:]
derrota (f)	**porážka** (ž)	[pora:ʃka]
armistício (m)	**příměří** (s)	[prʃi:mnerʒi:]
bandeira (f)	**prapor** (m)	[prapor]
glória (f)	**sláva** (ž)	[sla:va]
parada (f)	**vojenská přehlídka** (ž)	[vojɛnska: prʃɛhli:tka]
marchar (vi)	**pochodovat**	[poxodovat]

114. Armas

arma (f)	**zbraň** (ž)	[zbranʲ]
arma (f) de fogo	**střelná zbraň** (ž)	[strʃɛlna: zbranʲ]
arma (f) branca	**bodná a sečná zbraň** (ž)	[bodna: a sɛʧna: zbranʲ]
arma (f) química	**chemická zbraň** (ž)	[xɛmɪʦka: zbranʲ]
nuclear (adj)	**jaderný**	[jadɛrni:]
arma (f) nuclear	**jaderná zbraň** (ž)	[jadɛrna: zbranʲ]
bomba (f)	**puma** (ž)	[puma]
bomba (f) atômica	**atomová puma** (ž)	[atomova: puma]
pistola (f)	**pistole** (ž)	[pɪstolɛ]
rifle (m)	**puška** (ž)	[puʃka]

semi-automática (f)	**samopal** (m)	[samopal]
metralhadora (f)	**kulomet** (m)	[kulomɛt]
boca (f)	**ústí** (s) **hlavně**	[u:sti: hlavne]
cano (m)	**hlaveň** (ž)	[hlavɛnʲ]
calibre (m)	**ráž** (ž)	[ra:ʃ]
gatilho (m)	**kohoutek** (m)	[kohoutɛk]
mira (f)	**hledí** (s)	[hlɛdi:]
carregador (m)	**zásobník** (m)	[za:sobni:k]
coronha (f)	**pažba** (ž)	[paʒba]
granada (f) de mão	**granát** (m)	[grana:t]
explosivo (m)	**výbušnina** (ž)	[vi:buʃnɪna]
bala (f)	**kulka** (ž)	[kulka]
cartucho (m)	**náboj** (m)	[na:boj]
carga (f)	**nálož** (ž)	[na:loʃ]
munições (f pl)	**střelivo** (s)	[strʃɛlɪvo]
bombardeiro (m)	**bombardér** (m)	[bombardɛ:r]
avião (m) de caça	**stíhačka** (ž)	[sti:hatʃka]
helicóptero (m)	**vrtulník** (m)	[vrtulni:k]
canhão (m) antiaéreo	**protiletadlové dělo** (s)	[protɪlɛtadlovɛ: delo]
tanque (m)	**tank** (m)	[taŋk]
canhão (de um tanque)	**tankové dělo** (s)	[taŋkovɛ: delo]
artilharia (f)	**dělostřelectvo** (s)	[delostrʃɛlɛtstvo]
canhão (m)	**dělo** (s)	[delo]
fazer a pontaria	**zamířit**	[zami:rʒɪt]
projétil (m)	**střela** (ž)	[strʃɛla]
granada (f) de morteiro	**mina** (ž)	[mɪna]
morteiro (m)	**minomet** (m)	[mɪnomɛt]
estilhaço (m)	**střepina** (ž)	[strʃɛpɪna]
submarino (m)	**ponorka** (ž)	[ponorka]
torpedo (m)	**torpédo** (s)	[torpɛ:do]
míssil (m)	**raketa** (ž)	[rakɛta]
carregar (uma arma)	**nabíjet**	[nabi:jɛt]
disparar, atirar (vi)	**střílet**	[strʃi:lɛt]
apontar para ...	**mířit**	[mi:rʒɪt]
baioneta (f)	**bodák** (m)	[boda:k]
espada (f)	**kord** (m)	[kort]
sabre (m)	**šavle** (ž)	[ʃavlɛ]
lança (f)	**kopí** (s)	[kopi:]
arco (m)	**luk** (m)	[luk]
flecha (f)	**šíp** (m)	[ʃi:p]
mosquete (m)	**mušketa** (ž)	[muʃkɛta]
besta (f)	**samostříl** (m)	[samostrʃi:l]

115. Povos da antiguidade

primitivo (adj)	**prvobytný**	[prvobɪtni:]
pré-histórico (adj)	**prehistorický**	[prɛhɪstorɪʦki:]
antigo (adj)	**starobylý**	[starobɪli:]
Idade (f) da Pedra	**Doba** (ž) **kamenná**	[doba kamɛnna:]
Idade (f) do Bronze	**Doba** (ž) **bronzová**	[doba bronzova:]
Era (f) do Gelo	**Doba** (ž) **ledová**	[doba lɛdova:]
tribo (f)	**kmen** (m)	[kmɛn]
canibal (m)	**lidojed** (m)	[lɪdojɛt]
caçador (m)	**lovec** (m)	[lovɛʦ]
caçar (vi)	**lovit**	[lovɪt]
mamute (m)	**mamut** (m)	[mamut]
caverna (f)	**jeskyně** (ž)	[jɛskɪne]
fogo (m)	**oheň** (m)	[ohɛnʲ]
fogueira (f)	**táborák** (m)	[taborak]
pintura (f) rupestre	**jeskynní malba** (ž)	[jɛskɪnni: malba]
ferramenta (f)	**pracovní nástroje** (m mn)	[praʦovni: na:strojɛ]
lança (f)	**oštěp** (m)	[oʃtep]
machado (m) de pedra	**kamenná sekera** (ž)	[kamɛnna: sɛkɛra]
guerrear (vt)	**bojovat**	[bojovat]
domesticar (vt)	**ochočovat**	[oxoʧovat]
ídolo (m)	**modla** (ž)	[modla]
adorar, venerar (vt)	**klanět se**	[klanet sɛ]
superstição (f)	**pověra** (ž)	[povera]
evolução (f)	**evoluce** (ž)	[ɛvoluʦɛ]
desenvolvimento (m)	**rozvoj** (m)	[rozvoj]
extinção (f)	**vymizení** (s)	[vɪmɪzɛni:]
adaptar-se (vr)	**přizpůsobovat se**	[prʃɪspu:sobovat sɛ]
arqueologia (f)	**archeologie** (ž)	[arxɛologɪe]
arqueólogo (m)	**archeolog** (m)	[arxɛolog]
arqueológico (adj)	**archeologický**	[arxɛologɪʦki:]
escavação (sítio)	**vykopávky** (ž mn)	[vɪkopa:fkɪ]
escavações (f pl)	**vykopávky** (ž mn)	[vɪkopa:fkɪ]
achado (m)	**objev** (m)	[objɛf]
fragmento (m)	**část** (ž)	[ʧa:st]

116. Idade média

povo (m)	**lid, národ** (m)	[lɪt], [na:rot]
povos (m pl)	**národy** (m mn)	[na:rodɪ]
tribo (f)	**kmen** (m)	[kmɛn]
tribos (f pl)	**kmeny** (m mn)	[kmɛnɪ]
bárbaros (pl)	**barbaři** (m mn)	[barbarʒɪ]
galeses (pl)	**Galové** (m mn)	[galovɛ:]

godos (pl) | **Gótové** (m mn) | [go:tovɛ:]
eslavos (pl) | **Slované** (m mn) | [slovanɛ:]
viquingues (pl) | **Vikingové** (m mn) | [vɪkɪngovɛ:]

romanos (pl) | **Římané** (m mn) | [rʒi:manɛ:]
romano (adj) | **římský** | [rʒi:mski:]

bizantinos (pl) | **obyvatelé Byzantské říše** (m mn) | [obɪvatɛlɛ: bɪzantskɛ: rʃi:ʃɛ]

Bizâncio | **Byzantská říše** (ž) | [bɪzantska: rʃi:ʃɛ]
bizantino (adj) | **byzantský** | [bɪzantski:]

imperador (m) | **císař** (m) | [ʦi:sarʃ]
líder (m) | **vůdce** (m) | [vu:dʦɛ]
poderoso (adj) | **mocný** | [moʦni:]
rei (m) | **král** (m) | [kra:l]
governante (m) | **vladař** (m) | [vladarʃ]

cavaleiro (m) | **rytíř** (m) | [rɪti:rʃ]
senhor feudal (m) | **feudál** (m) | [fɛuda:l]
feudal (adj) | **feudální** | [fɛuda:lni:]
vassalo (m) | **vasal** (m) | [vasal]

duque (m) | **vévoda** (m) | [vɛ:voda]
conde (m) | **hrabě** (m) | [hrabe]
barão (m) | **barel** (m) | [barɛl]
bispo (m) | **biskup** (m) | [bɪskup]

armadura (f) | **brnění** (s) | [brneni:]
escudo (m) | **štít** (m) | [ʃti:t]
espada (f) | **meč** (m) | [mɛʧ]
viseira (f) | **hledí** (s) | [hlɛdi:]
cota (f) de malha | **kroužková košile** (ž) | [krouʃkova: koʃɪlɛ]

cruzada (f) | **křižácká výprava** (ž) | [krʃɪʒa:ʦka: vi:prava]
cruzado (m) | **křižák** (m) | [krʃɪʒa:k]

território (m) | **území** (s) | [u:zɛmi:]
atacar (vt) | **přepadat** | [prʃɛpadat]
conquistar (vt) | **dobýt** | [dobi:t]
ocupar, invadir (vt) | **zmocnit se** | [zmoʦnɪt sɛ]

assédio, sítio (m) | **obležení** (s) | [oblɛʒeni:]
sitiado (adj) | **obklíčený** | [opkli:ʧɛni:]
assediar, sitiar (vt) | **obkličovat** | [opklɪʧovat]

inquisição (f) | **inkvizice** (ž) | [ɪŋkvɪzɪʦɛ]
inquisidor (m) | **inkvizitor** (m) | [ɪŋkvɪzɪtor]
tortura (f) | **mučení** (s) | [muʧɛni:]
cruel (adj) | **krutý** | [kruti:]
herege (m) | **kacíř** (m) | [kaʦi:rʃ]
heresia (f) | **bludařství** (s) | [bludarʃstvi:]

navegação (f) marítima | **mořeplavba** (ž) | [morʒɛplavba]
pirata (m) | **pirát** (m) | [pɪra:t]
pirataria (f) | **pirátství** (s) | [pɪra:tstvi:]

abordagem (f)	**abordáž** (ž)	[aborda:ʃ]
presa (f), butim (m)	**kořist** (ž)	[korʒɪst]
tesouros (m pl)	**bohatství** (s)	[bohatstvi:]
descobrimento (m)	**objevení** (s)	[objɛvɛni:]
descobrir (novas terras)	**objevit**	[objɛvɪt]
expedição (f)	**výprava** (ž)	[vi:prava]
mosqueteiro (m)	**mušketýr** (m)	[muʃkɛti:r]
cardeal (m)	**kardinál** (m)	[kardɪna:l]
heráldica (f)	**heraldika** (ž)	[hɛraldɪka]
heráldico (adj)	**heraldický**	[hɛraldɪʦki:]

117. Líder. Chefe. Autoridades

rei (m)	**král** (m)	[kra:l]
rainha (f)	**královna** (ž)	[kra:lovna]
real (adj)	**královský**	[kra:lovski:]
reino (m)	**království** (s)	[kra:lovstvi:]
príncipe (m)	**princ** (m)	[prɪnʦ]
princesa (f)	**princezna** (ž)	[prɪnʦɛzna]
presidente (m)	**prezident** (m)	[prɛzɪdɛnt]
vice-presidente (m)	**viceprezident** (m)	[vɪʦɛprɛzɪdɛnt]
senador (m)	**senátor** (m)	[sɛna:tor]
monarca (m)	**monarcha** (m)	[monarxa]
governante (m)	**vladař** (m)	[vladarʃ]
ditador (m)	**diktátor** (m)	[dɪkta:tor]
tirano (m)	**tyran** (m)	[tɪran]
magnata (m)	**magnát** (m)	[magna:t]
diretor (m)	**ředitel** (m)	[rʒɛdɪtɛl]
chefe (m)	**šéf** (m)	[ʃɛ:f]
gerente (m)	**správce** (m)	[spra:vʦɛ]
patrão (m)	**bos** (m)	[bos]
dono (m)	**majitel** (m)	[majɪtɛl]
chefe (m)	**hlava** (m)	[hlava]
autoridades (f pl)	**úřady** (m mn)	[u:rʒadɪ]
superiores (m pl)	**vedení** (s)	[vɛdɛni:]
governador (m)	**gubernátor** (m)	[gubɛrna:tor]
cônsul (m)	**konzul** (m)	[konzul]
diplomata (m)	**diplomat** (m)	[dɪplomat]
Presidente (m) da Câmara	**primátor** (m)	[prɪma:tor]
xerife (m)	**šerif** (m)	[ʃɛrɪf]
imperador (m)	**císař** (m)	[ʦi:sarʃ]
czar (m)	**car** (m)	[ʦar]
faraó (m)	**faraón** (m)	[farao:n]
cã, khan (m)	**chán** (m)	[xa:n]

118. Violação da lei. Criminosos. Parte 1

bandido (m)	**bandita** (m)	[bandɪta]
crime (m)	**zločin** (m)	[zlotʃɪn]
criminoso (m)	**zločinec** (m)	[zlotʃɪnɛts]
ladrão (m)	**zloděj** (m)	[zlodej]
roubar (vt)	**krást**	[kra:st]
roubo (atividade)	**loupež** (ž)	[loupɛʃ]
furto (m)	**krádež** (ž)	[kra:dɛʃ]
raptar, sequestrar (vt)	**unést**	[unɛ:st]
sequestro (m)	**únos** (m)	[u:nos]
sequestrador (m)	**únosce** (m)	[u:nostsɛ]
resgate (m)	**výkupné** (s)	[vi:kupnɛ:]
pedir resgate	**žádat výkupné**	[ʒa:dat vi:kupnɛ:]
roubar (vt)	**loupit**	[loupɪt]
assalto, roubo (m)	**loupež** (ž)	[loupɛʃ]
assaltante (m)	**lupič** (m)	[lupɪtʃ]
extorquir (vt)	**vydírat**	[vɪdi:rat]
extorsionário (m)	**vyděrač** (m)	[vɪderatʃ]
extorsão (f)	**vyděračství** (s)	[vɪderatʃstvi:]
matar, assassinar (vt)	**zabít**	[zabi:t]
homicídio (m)	**vražda** (ž)	[vraʒda]
homicida, assassino (m)	**vrah** (m)	[vrax]
tiro (m)	**výstřel** (m)	[vi:strʃɛl]
dar um tiro	**vystřelit**	[vɪstrʒɛlɪt]
matar a tiro	**zastřelit**	[zastrʃɛlɪt]
disparar, atirar (vi)	**střílet**	[strʃi:lɛt]
tiroteio (m)	**střelba** (ž)	[strʃɛlba]
incidente (m)	**nehoda** (ž)	[nɛhoda]
briga (~ de rua)	**rvačka** (ž)	[rvatʃka]
Socorro!	**Pomoc!**	[pomots]
vítima (f)	**oběť** (ž)	[obetʲ]
danificar (vt)	**poškodit**	[poʃkodɪt]
dano (m)	**škoda** (ž)	[ʃkoda]
cadáver (m)	**mrtvola** (ž)	[mrtvola]
grave (adj)	**těžký**	[teʃki:]
atacar (vt)	**napadnout**	[napadnout]
bater (espancar)	**bít**	[bi:t]
espancar (vt)	**zbít**	[zbi:t]
tirar, roubar (dinheiro)	**odebrat**	[odɛbrat]
esfaquear (vt)	**zabít**	[zabi:t]
mutilar (vt)	**zmrzačit**	[zmrzatʃɪt]
ferir (vt)	**zranit**	[zranɪt]
chantagem (f)	**vyděračství** (s)	[vɪderatʃstvi:]
chantagear (vt)	**vydírat**	[vɪdi:rat]

chantagista (m)	**vyděrač** (m)	[vɪderaʧ]
extorsão (f)	**vyděračství** (s)	[vɪderaʧstvi:]
extorsionário (m)	**vyděrač** (m)	[vɪderaʧ]
gângster (m)	**gangster** (m)	[gangstɛr]
máfia (f)	**mafie** (ž)	[mafɪe]
punguista (m)	**kapsář** (m)	[kapsa:rʃ]
assaltante, ladrão (m)	**kasař** (m)	[kasarʃ]
contrabando (m)	**pašování** (s)	[paʃova:ni:]
contrabandista (m)	**pašerák** (m)	[paʃɛra:k]
falsificação (f)	**padělání** (s)	[padela:ni:]
falsificar (vt)	**padělat**	[padelat]
falsificado (adj)	**padělaný**	[padelani:]

119. Violação da lei. Criminosos. Parte 2

estupro (m)	**znásilnění** (s)	[zna:sɪlneni:]
estuprar (vt)	**znásilnit**	[zna:sɪlnɪt]
estuprador (m)	**násilník** (m)	[na:sɪlni:k]
maníaco (m)	**maniak** (m)	[manɪak]
prostituta (f)	**prostitutka** (ž)	[prostɪtutka]
prostituição (f)	**prostituce** (ž)	[prostɪtuʦɛ]
cafetão (m)	**kuplíř** (m)	[kupli:rʃ]
drogado (m)	**narkoman** (m)	[narkoman]
traficante (m)	**drogový dealer** (m)	[drogovi: di:lɛr]
explodir (vt)	**vyhodit do povětří**	[vɪhodɪt do povetrʃi:]
explosão (f)	**výbuch** (m)	[vi:bux]
incendiar (vt)	**zapálit**	[zapa:lɪt]
incendiário (m)	**žhář** (m)	[ʒha:rʃ]
terrorismo (m)	**terorismus** (m)	[tɛrorɪzmus]
terrorista (m)	**terorista** (m)	[tɛrorɪsta]
refém (m)	**rukojmí** (m)	[rukojmi:]
enganar (vt)	**oklamat**	[oklamat]
engano (m)	**podvod** (m)	[podvot]
vigarista (m)	**podvodník** (m)	[podvodni:k]
subornar (vt)	**podplatit**	[potplatɪt]
suborno (atividade)	**podplácení** (s)	[potpla:ʦɛni:]
suborno (dinheiro)	**úplatek** (m)	[u:platɛk]
veneno (m)	**jed** (m)	[jɛt]
envenenar (vt)	**otrávit**	[otra:vɪt]
envenenar-se (vr)	**otrávit se**	[otra:vɪt sɛ]
suicídio (m)	**sebevražda** (ž)	[sɛbɛvraʒda]
suicida (m)	**sebevrah** (m)	[sɛbɛvrax]
ameaçar (vt)	**vyhrožovat**	[vɪhroʒovat]
ameaça (f)	**vyhrůžka** (ž)	[vɪhru:ʃka]

atentar contra a vida de ...	**páchat atentát**	[pa:xat atenta:t]
atentado (m)	**atentát** (m)	[atɛnta:t]
roubar (um carro)	**unést**	[unɛ:st]
sequestrar (um avião)	**unést**	[unɛ:st]
vingança (f)	**pomsta** (ž)	[pomsta]
vingar (vt)	**mstít se**	[msti:t sɛ]
torturar (vt)	**mučit**	[mutʃɪt]
tortura (f)	**mučení** (s)	[mutʃɛni:]
atormentar (vt)	**trápit**	[tra:pɪt]
pirata (m)	**pirát** (m)	[pɪra:t]
desordeiro (m)	**chuligán** (m)	[xulɪga:n]
armado (adj)	**ozbrojený**	[ozbrojɛni:]
violência (f)	**násilí** (s)	[na:sɪli:]
espionagem (f)	**špionáž** (ž)	[ʃpɪona:ʃ]
espionar (vi)	**špehovat**	[ʃpɛhovat]

120. Polícia. Lei. Parte 1

justiça (sistema de ~)	**justice** (ž)	[justiʦɛ]
tribunal (m)	**soud** (m)	[sout]
juiz (m)	**soudce** (m)	[soudʦɛ]
jurados (m pl)	**porotci** (m mn)	[porotʦɪ]
tribunal (m) do júri	**porota** (ž)	[porota]
julgar (vt)	**soudit**	[soudɪt]
advogado (m)	**advokát** (m)	[advoka:t]
réu (m)	**obžalovaný** (m)	[obʒalovani:]
banco (m) dos réus	**lavice** (ž) **obžalovaných**	[lavɪʦɛ obʒalovani:x]
acusação (f)	**žaloba** (ž)	[ʒaloba]
acusado (m)	**obžalovaný** (m)	[obʒalovani:]
sentença (f)	**rozsudek** (m)	[rozsudɛk]
sentenciar (vt)	**odsoudit**	[otsoudɪt]
culpado (m)	**viník** (m)	[vɪni:k]
punir (vt)	**potrestat**	[potrɛstat]
punição (f)	**trest** (m)	[trɛst]
multa (f)	**pokuta** (ž)	[pokuta]
prisão (f) perpétua	**doživotní vězení** (s)	[doʒɪvotni: vezɛni:]
pena (f) de morte	**trest** (m) **smrti**	[trɛst smrtɪ]
cadeira (f) elétrica	**elektrické křeslo** (s)	[ɛlɛktrɪʦkɛ: krʃɛslo]
forca (f)	**šibenice** (ž)	[ʃɪbɛnɪʦɛ]
executar (vt)	**popravit**	[popravɪt]
execução (f)	**poprava** (ž)	[poprava]
prisão (f)	**vězení** (s)	[vezɛni:]

cela (f) de prisão	**cela** (ž)	[tsɛla]
escolta (f)	**ozbrojený doprovod** (m)	[ozbrojɛni: doprovot]
guarda (m) prisional	**dozorce** (m)	[dozortsɛ]
preso, prisioneiro (m)	**vězeň** (m)	[vezɛnʲ]
algemas (f pl)	**pouta** (s mn)	[pouta]
algemar (vt)	**nasadit pouta**	[nasadɪt pouta]
fuga, evasão (f)	**útěk** (m)	[u:tek]
fugir (vi)	**uprchnout**	[uprxnout]
desaparecer (vi)	**zmizet**	[zmɪzɛt]
soltar, libertar (vt)	**propustit**	[propustɪt]
anistia (f)	**amnestie** (ž)	[amnɛstɪe]
polícia (instituição)	**policie** (ž)	[polɪtsɪe]
polícia (m)	**policista** (m)	[polɪtsɪsta]
delegacia (f) de polícia	**policejní stanice** (ž)	[polɪtsɛjni: stanɪtsɛ]
cassetete (m)	**gumový obušek** (m)	[gumovi: obuʃɛk]
megafone (m)	**hlásná trouba** (ž)	[hla:sna: trouba]
carro (m) de patrulha	**policejní vůz** (m)	[polɪtsɛjni: vu:z]
sirene (f)	**houkačka** (ž)	[houkatʃka]
ligar a sirene	**zapnout houkačku**	[zapnout houkatʃku]
toque (m) da sirene	**houkání** (s)	[houka:ni:]
cena (f) do crime	**místo** (s) **činu**	[mi:sto tʃɪnu]
testemunha (f)	**svědek** (m)	[svedɛk]
liberdade (f)	**svoboda** (ž)	[svoboda]
cúmplice (m)	**spolupachatel** (m)	[spolupaxatɛl]
escapar (vi)	**zmizet**	[zmɪzɛt]
traço (não deixar ~s)	**stopa** (ž)	[stopa]

121. Polícia. Lei. Parte 2

procura (f)	**pátrání** (s)	[pa:tra:ni:]
procurar (vt)	**pátrat**	[pa:trat]
suspeita (f)	**podezření** (s)	[podɛzrʒɛni:]
suspeito (adj)	**podezřelý**	[podɛzrʒɛli:]
parar (veículo, etc.)	**zastavit**	[zastavɪt]
deter (fazer parar)	**zadržet**	[zadrʒet]
caso (~ criminal)	**případ** (m)	[prʃi:pat]
investigação (f)	**vyšetřování** (s)	[vɪʃɛtrʃova:ni:]
detetive (m)	**detektiv** (m)	[dɛtɛktɪf]
investigador (m)	**vyšetřovatel** (m)	[vɪʃɛtrʃovatɛl]
versão (f)	**verze** (ž)	[vɛrzɛ]
motivo (m)	**motiv** (m)	[motɪf]
interrogatório (m)	**výslech** (m)	[vi:slɛx]
interrogar (vt)	**vyslýchat**	[vɪsli:xat]
questionar (vt)	**vyslýchat**	[vɪsli:xat]
verificação (f)	**kontrola** (ž)	[kontrola]
batida (f) policial	**zátah** (m)	[za:tax]
busca (f)	**prohlídka** (ž)	[prohli:tka]

perseguição (f)	**stíhání** (s)	[sti:ha:ni:]
perseguir (vt)	**pronásledovat**	[prona:slɛdovat]
seguir, rastrear (vt)	**sledovat**	[slɛdovat]
prisão (f)	**zatčení** (s)	[zatʧɛni:]
prender (vt)	**zatknout**	[zatknout]
pegar, capturar (vt)	**chytit**	[xɪtɪt]
captura (f)	**chycení** (s)	[xɪʦɛni:]
documento (m)	**dokument** (m)	[dokumɛnt]
prova (f)	**důkaz** (m)	[du:kaz]
provar (vt)	**dokazovat**	[dokazovat]
pegada (f)	**stopa** (ž)	[stopa]
impressões (f pl) digitais	**otisky** (m mn) **prstů**	[otɪskɪ prstu:]
prova (f)	**důkaz** (m)	[du:kaz]
álibi (m)	**alibi** (s)	[alɪbɪ]
inocente (adj)	**nevinný**	[nɛvɪnni:]
injustiça (f)	**nespravedlivost** (ž)	[nɛspravɛdlɪvost]
injusto (adj)	**nespravedlivý**	[nɛspra:vɛdlɪvi:]
criminal (adj)	**kriminální**	[krɪmɪna:lni:]
confiscar (vt)	**konfiskovat**	[konfɪskovat]
droga (f)	**droga** (ž)	[droga]
arma (f)	**zbraň** (ž)	[zbranʲ]
desarmar (vt)	**odzbrojit**	[odzbrojɪt]
ordenar (vt)	**rozkazovat**	[roskazovat]
desaparecer (vi)	**zmizet**	[zmɪzɛt]
lei (f)	**zákon** (m)	[za:kon]
legal (adj)	**zákonný**	[za:konni:]
ilegal (adj)	**nezákonný**	[nɛza:konni:]
responsabilidade (f)	**odpovědnost** (ž)	[otpovednost]
responsável (adj)	**odpovědný**	[otpovedni:]

NATUREZA

A Terra. Parte 1

122. Espaço sideral

espaço, cosmo (m)	**kosmos** (m)	[kosmos]
espacial, cósmico (adj)	**kosmický**	[kosmɪtski:]
espaço (m) cósmico	**kosmický prostor** (m)	[kosmɪtski: prostor]
mundo, universo (m)	**vesmír** (m)	[vɛsmi:r]
galáxia (f)	**galaxie** (ž)	[galaksɪe]
estrela (f)	**hvězda** (ž)	[hvezda]
constelação (f)	**souhvězdí** (s)	[souhvezdi:]
planeta (m)	**planeta** (ž)	[planɛta]
satélite (m)	**družice** (ž)	[druʒɪtsɛ]
meteorito (m)	**meteorit** (m)	[mɛtɛorɪt]
cometa (m)	**kometa** (ž)	[komɛta]
asteroide (m)	**asteroid** (m)	[astɛroɪt]
órbita (f)	**oběžná dráha** (ž)	[obeʒna: dra:ha]
girar (vi)	**otáčet se**	[ota:tʃɛt sɛ]
atmosfera (f)	**atmosféra** (ž)	[atmosfɛ:ra]
Sol (m)	**Slunce** (s)	[sluntsɛ]
Sistema (m) Solar	**sluneční soustava** (ž)	[slunɛtʃni: soustava]
eclipse (m) solar	**sluneční zatmění** (s)	[slunɛtʃni: zatmneni:]
Terra (f)	**Země** (ž)	[zɛmnɛ]
Lua (f)	**Měsíc** (m)	[mnesi:ts]
Marte (m)	**Mars** (m)	[mars]
Vênus (f)	**Venuše** (ž)	[vɛnuʃɛ]
Júpiter (m)	**Jupiter** (m)	[jupɪtɛr]
Saturno (m)	**Saturn** (m)	[saturn]
Mercúrio (m)	**Merkur** (m)	[mɛrkur]
Urano (m)	**Uran** (m)	[uran]
Netuno (m)	**Neptun** (m)	[nɛptun]
Plutão (m)	**Pluto** (s)	[pluto]
Via Láctea (f)	**Mléčná dráha** (ž)	[mlɛ:tʃna: dra:ha]
Ursa Maior (f)	**Velká medvědice** (ž)	[vɛlka: mɛdvedɪtsɛ]
Estrela Polar (f)	**Polárka** (ž)	[pola:rka]
marciano (m)	**Marťan** (m)	[mart'an]
extraterrestre (m)	**mimozemšťan** (m)	[mɪmozɛmʃt'an]

alienígena (m)	**vetřelec** (m)	[vɛtrʃɛlɛʦ]
disco (m) voador	**létající talíř** (m)	[lɛ:taji:ʦi: tali:rʃ]
espaçonave (f)	**kosmická loď** (ž)	[kosmɪʦka: lotʲ]
estação (f) orbital	**orbitální stanice** (ž)	[orbɪta:lni: stanɪʦɛ]
lançamento (m)	**start** (m)	[start]
motor (m)	**motor** (m)	[motor]
bocal (m)	**tryska** (ž)	[trɪska]
combustível (m)	**palivo** (s)	[palɪvo]
cabine (f)	**kabina** (ž)	[kabɪna]
antena (f)	**anténa** (ž)	[antɛ:na]
vigia (f)	**okénko** (s)	[okɛ:ŋko]
bateria (f) solar	**sluneční baterie** (ž)	[slunɛʧni: batɛrɪe]
traje (m) espacial	**skafandr** (m)	[skafandr]
imponderabilidade (f)	**beztížný stav** (m)	[bɛzti:ʒni: staf]
oxigênio (m)	**kyslík** (m)	[kɪsli:k]
acoplagem (f)	**spojení** (s)	[spojɛni:]
fazer uma acoplagem	**spojovat se**	[spojovat sɛ]
observatório (m)	**observatoř** (ž)	[opsɛrvatorʃ]
telescópio (m)	**teleskop** (m)	[tɛlɛskop]
observar (vt)	**pozorovat**	[pozorovat]
explorar (vt)	**zkoumat**	[skoumat]

123. A Terra

Terra (f)	**Země** (ž)	[zɛmnɛ]
globo terrestre (Terra)	**zeměkoule** (ž)	[zɛmnekoulɛ]
planeta (m)	**planeta** (ž)	[planɛta]
atmosfera (f)	**atmosféra** (ž)	[atmosfɛ:ra]
geografia (f)	**zeměpis** (m)	[zɛmnepɪs]
natureza (f)	**příroda** (ž)	[prʃi:roda]
globo (mapa esférico)	**glóbus** (m)	[glo:bus]
mapa (m)	**mapa** (ž)	[mapa]
atlas (m)	**atlas** (m)	[atlas]
Europa (f)	**Evropa** (ž)	[ɛvropa]
Ásia (f)	**Asie** (ž)	[azɪe]
África (f)	**Afrika** (ž)	[afrɪka]
Austrália (f)	**Austrálie** (ž)	[austra:lɪe]
América (f)	**Amerika** (ž)	[amɛrɪka]
América (f) do Norte	**Severní Amerika** (ž)	[sɛvɛrni: amɛrɪka]
América (f) do Sul	**Jižní Amerika** (ž)	[jɪʒni: amɛrɪka]
Antártida (f)	**Antarktida** (ž)	[antarkti:da]
Ártico (m)	**Arktida** (ž)	[arktɪda]

124. Pontos cardeais

norte (m)	**sever** (m)	[sɛvɛr]
para norte	**na sever**	[na sɛvɛr]
no norte	**na severu**	[na sɛvɛru]
do norte (adj)	**severní**	[sɛvɛrni:]
sul (m)	**jih** (m)	[jɪx]
para sul	**na jih**	[na jɪx]
no sul	**na jihu**	[na jɪhu]
do sul (adj)	**jižní**	[jɪʒni:]
oeste, ocidente (m)	**západ** (m)	[za:pat]
para oeste	**na západ**	[na za:pat]
no oeste	**na západě**	[na za:pade]
ocidental (adj)	**západní**	[za:padni:]
leste, oriente (m)	**východ** (m)	[vi:xot]
para leste	**na východ**	[na vi:xot]
no leste	**na východě**	[na vi:xode]
oriental (adj)	**východní**	[vi:xodni:]

125. Mar. Oceano

mar (m)	**moře** (s)	[morʒɛ]
oceano (m)	**oceán** (m)	[ot͡sɛa:n]
golfo (m)	**záliv** (m)	[za:lɪf]
estreito (m)	**průliv** (m)	[pru:lɪf]
continente (m)	**pevnina** (ž)	[pɛvnɪna]
ilha (f)	**ostrov** (m)	[ostrof]
península (f)	**poloostrov** (m)	[poloostrof]
arquipélago (m)	**souostroví** (s)	[souostrovi:]
baía (f)	**zátoka** (ž)	[za:toka]
porto (m)	**přístav** (m)	[prʃi:staf]
lagoa (f)	**laguna** (ž)	[lagu:na]
cabo (m)	**mys** (m)	[mɪs]
atol (m)	**atol** (m)	[atol]
recife (m)	**útes** (m)	[u:tɛs]
coral (m)	**korál** (m)	[kora:l]
recife (m) de coral	**korálový útes** (m)	[kora:lovi: u:tɛs]
profundo (adj)	**hluboký**	[hluboki:]
profundidade (f)	**hloubka** (ž)	[hloupka]
abismo (m)	**hlubina** (ž)	[hlubɪna]
fossa (f) oceânica	**prohlubeň** (ž)	[prohlubɛnʲ]
corrente (f)	**proud** (m)	[prout]
banhar (vt)	**omývat**	[omi:vat]
litoral (m)	**břeh** (m)	[brʒɛx]
costa (f)	**pobřeží** (s)	[pobrʒɛʒi:]

maré (f) alta	**příliv** (m)	[prʃi:lɪf]
refluxo (m)	**odliv** (m)	[odlɪf]
restinga (f)	**mělčina** (ž)	[mneltʃɪna]
fundo (m)	**dno** (s)	[dno]
onda (f)	**vlna** (ž)	[vlna]
crista (f) da onda	**hřbet** (m) **vlny**	[hrʒbɛt vlnɪ]
espuma (f)	**pěna** (ž)	[pena]
tempestade (f)	**bouřka** (ž)	[bourʃka]
furacão (m)	**hurikán** (m)	[hurɪka:n]
tsunami (m)	**tsunami** (s)	[tsunamɪ]
calmaria (f)	**bezvětří** (s)	[bɛzvetrʃi:]
calmo (adj)	**klidný**	[klɪdni:]
polo (m)	**pól** (m)	[po:l]
polar (adj)	**polární**	[pola:rni:]
latitude (f)	**šířka** (ž)	[ʃi:rʃka]
longitude (f)	**délka** (ž)	[dɛ:lka]
paralela (f)	**rovnoběžka** (ž)	[rovnobeʃka]
equador (m)	**rovník** (m)	[rovni:k]
céu (m)	**obloha** (ž)	[obloha]
horizonte (m)	**horizont** (m)	[horɪzont]
ar (m)	**vzduch** (m)	[vzdux]
farol (m)	**maják** (m)	[maja:k]
mergulhar (vi)	**potápět se**	[pota:pet sɛ]
afundar-se (vr)	**potopit se**	[potopɪt sɛ]
tesouros (m pl)	**bohatství** (s)	[bohatstvi:]

126. Nomes de Mares e Oceanos

Oceano (m) Atlântico	**Atlantický oceán** (m)	[atlantɪtski: otsɛa:n]
Oceano (m) Índico	**Indický oceán** (m)	[ɪndɪtski: otsɛa:n]
Oceano (m) Pacífico	**Tichý oceán** (m)	[tɪxi: otsɛa:n]
Oceano (m) Ártico	**Severní ledový oceán** (m)	[sɛvɛrni: lɛdovi: otsɛa:n]
Mar (m) Negro	**Černé moře** (s)	[tʃɛrnɛ: morʒɛ]
Mar (m) Vermelho	**Rudé moře** (s)	[rudɛ: morʒɛ]
Mar (m) Amarelo	**Žluté moře** (s)	[ʒlutɛ: morʒɛ]
Mar (m) Branco	**Bílé moře** (s)	[bi:lɛ: morʒɛ]
Mar (m) Cáspio	**Kaspické moře** (s)	[kaspɪtskɛ: morʒɛ]
Mar (m) Morto	**Mrtvé moře** (s)	[mrtvɛ: morʒɛ]
Mar (m) Mediterrâneo	**Středozemní moře** (s)	[strʃɛdozɛmni: morʒɛ]
Mar (m) Egeu	**Egejské moře** (s)	[ɛgɛjskɛ: morʒɛ]
Mar (m) Adriático	**Jaderské moře** (s)	[jadɛrskɛ: morʒɛ]
Mar (m) Arábico	**Arabské moře** (s)	[arapskɛ: morʒɛ]
Mar (m) do Japão	**Japonské moře** (s)	[japonskɛ: morʒɛ]
Mar (m) de Bering	**Beringovo moře** (s)	[bɛrɪngovo morʒɛ]

Mar (m) da China Meridional	**Jihočínské moře** (s)	[jɪhotʃi:nskɛ: morʒɛ]
Mar (m) de Coral	**Korálové moře** (s)	[kora:lovɛ: morʒɛ]
Mar (m) de Tasman	**Tasmanovo moře** (s)	[tasmanovo morʒɛ]
Mar (m) do Caribe	**Karibské moře** (s)	[karɪpskɛ: morʒɛ]
Mar (m) de Barents	**Barentsovo moře** (s)	[barɛntsovo morʒɛ]
Mar (m) de Kara	**Karské moře** (s)	[karskɛ: morʒɛ]
Mar (m) do Norte	**Severní moře** (s)	[sɛvɛrni: morʒɛ]
Mar (m) Báltico	**Baltské moře** (s)	[baltskɛ: morʒɛ]
Mar (m) da Noruega	**Norské moře** (s)	[norskɛ: morʒɛ]

127. Montanhas

montanha (f)	**hora** (ž)	[hora]
cordilheira (f)	**horské pásmo** (s)	[horskɛ: pa:smo]
serra (f)	**horský hřbet** (m)	[horski: hrʒbɛt]
cume (m)	**vrchol** (m)	[vrxol]
pico (m)	**štít** (m)	[ʃti:t]
pé (m)	**úpatí** (s)	[u:pati:]
declive (m)	**svah** (m)	[svax]
vulcão (m)	**sopka** (ž)	[sopka]
vulcão (m) ativo	**činná sopka** (ž)	[tʃɪnna: sopka]
vulcão (m) extinto	**vyhaslá sopka** (ž)	[vɪhasla: sopka]
erupção (f)	**výbuch** (m)	[vi:bux]
cratera (f)	**kráter** (m)	[kra:tɛr]
magma (m)	**magma** (ž)	[magma]
lava (f)	**láva** (ž)	[la:va]
fundido (lava ~a)	**rozžhavený**	[rozʒhavɛni:]
cânion, desfiladeiro (m)	**kaňon** (m)	[kanʲon]
garganta (f)	**soutěska** (ž)	[souteska]
fenda (f)	**rozsedlina** (ž)	[rozsɛdlɪna]
passo, colo (m)	**průsmyk** (m)	[pru:smɪk]
planalto (m)	**plató** (s)	[plato:]
falésia (f)	**skála** (ž)	[ska:la]
colina (f)	**kopec** (m)	[kopɛʦ]
geleira (f)	**ledovec** (m)	[lɛdovɛʦ]
cachoeira (f)	**vodopád** (m)	[vodopa:t]
gêiser (m)	**vřídlo** (s)	[vrʒi:dlo]
lago (m)	**jezero** (s)	[jɛzɛro]
planície (f)	**rovina** (ž)	[rovɪna]
paisagem (f)	**krajina** (ž)	[krajɪna]
eco (m)	**ozvěna** (ž)	[ozvena]
alpinista (m)	**horolezec** (m)	[horolɛzɛʦ]
escalador (m)	**horolezec** (m)	[horolɛzɛʦ]
conquistar (vt)	**dobývat**	[dobi:vat]
subida, escalada (f)	**výstup** (m)	[vi:stup]

128. Nomes de montanhas

Alpes (m pl)	**Alpy** (mn)	[alpɪ]
Monte Branco (m)	**Mont Blanc** (m)	[monblaŋ]
Pirineus (m pl)	**Pyreneje** (mn)	[pɪrɛnɛjɛ]
Cárpatos (m pl)	**Karpaty** (mn)	[karpatɪ]
Urais (m pl)	**Ural** (m)	[ural]
Cáucaso (m)	**Kavkaz** (m)	[kafkaz]
Elbrus (m)	**Elbrus** (m)	[ɛlbrus]
Altai (m)	**Altaj** (m)	[altaj]
Tian Shan (m)	**Ťan-šan** (ž)	[tʲan-ʃan]
Pamir (m)	**Pamír** (m)	[pami:r]
Himalaia (m)	**Himaláje** (mn)	[hɪmala:jɛ]
monte Everest (m)	**Mount Everest** (m)	[mount ɛvɛrɛst]
Cordilheira (f) dos Andes	**Andy** (mn)	[andɪ]
Kilimanjaro (m)	**Kilimandžáro** (s)	[kɪlɪmandʒa:ro]

129. Rios

rio (m)	**řeka** (ž)	[rʒɛka]
fonte, nascente (f)	**pramen** (m)	[pramɛn]
leito (m) de rio	**koryto** (s)	[korɪto]
bacia (f)	**povodí** (s)	[povodi:]
desaguar no ...	**vlévat se**	[vlɛ:vat sɛ]
afluente (m)	**přítok** (m)	[prʃi:tok]
margem (do rio)	**břeh** (m)	[brʒɛx]
corrente (f)	**proud** (m)	[prout]
rio abaixo	**po proudu**	[po proudu]
rio acima	**proti proudu**	[protɪ proudu]
inundação (f)	**povodeň** (ž)	[povodɛnʲ]
cheia (f)	**záplava** (ž)	[za:plava]
transbordar (vi)	**rozlévat se**	[rozlɛ:vat sɛ]
inundar (vt)	**zaplavovat**	[zaplavovat]
banco (m) de areia	**mělčina** (ž)	[mnelʧɪna]
corredeira (f)	**peřej** (ž)	[pɛrʒɛj]
barragem (f)	**přehrada** (ž)	[prʃɛhrada]
canal (m)	**průplav** (m)	[pru:plaf]
reservatório (m) de água	**vodní nádrž** (ž)	[vodni: na:drʃ]
eclusa (f)	**zdymadlo** (s)	[zdɪmadlo]
corpo (m) de água	**vodojem** (m)	[vodojɛm]
pântano (m)	**bažina** (ž)	[baʒɪna]
lamaçal (m)	**slať** (ž)	[slatʲ]
redemoinho (m)	**vír** (m)	[vi:r]
riacho (m)	**potok** (m)	[potok]

potável (adj)	**pitný**	[pɪtni:]
doce (água)	**sladký**	[slatki:]
gelo (m)	**led** (m)	[lɛt]
congelar-se (vr)	**zamrznout**	[zamrznout]

130. Nomes de rios

rio Sena (m)	**Seina** (ž)	[se:na]
rio Loire (m)	**Loira** (ž)	[loa:ra]
rio Tâmisa (m)	**Temže** (ž)	[tɛmʒe]
rio Reno (m)	**Rýn** (m)	[ri:n]
rio Danúbio (m)	**Dunaj** (m)	[dunaj]
rio Volga (m)	**Volha** (ž)	[volha]
rio Don (m)	**Don** (m)	[don]
rio Lena (m)	**Lena** (ž)	[lɛna]
rio Amarelo (m)	**Chuang-chež** (ž)	[xuan-xɛ]
rio Yangtzé (m)	**Jang-c'-ťiang** (ž)	[jang-ʦɛ-tʲang]
rio Mekong (m)	**Mekong** (m)	[mɛkong]
rio Ganges (m)	**Ganga** (ž)	[ganga]
rio Nilo (m)	**Nil** (m)	[nɪl]
rio Congo (m)	**Kongo** (s)	[kongo]
rio Cubango (m)	**Okavango** (s)	[okavango]
rio Zambeze (m)	**Zambezi** (ž)	[zambɛzɪ]
rio Limpopo (m)	**Limpopo** (s)	[lɪmpopo]
rio Mississippi (m)	**Mississippi** (ž)	[mɪsɪsɪpɪ]

131. Floresta

floresta (f), bosque (m)	**les** (m)	[lɛs]
florestal (adj)	**lesní**	[lɛsni:]
mata (f) fechada	**houština** (ž)	[houʃtɪna]
arvoredo (m)	**háj** (m)	[ha:j]
clareira (f)	**mýtina** (ž)	[mi:tɪna]
matagal (m)	**houští** (s)	[houʃti:]
mato (m), caatinga (f)	**křoví** (s)	[krʃovi:]
pequena trilha (f)	**stezka** (ž)	[stɛska]
ravina (f)	**rokle** (ž)	[roklɛ]
árvore (f)	**strom** (m)	[strom]
folha (f)	**list** (m)	[lɪst]
folhagem (f)	**listí** (s)	[lɪsti:]
queda (f) das folhas	**padání** (s) **listí**	[pada:ni: lɪsti:]
cair (vi)	**opadávat**	[opada:vat]

topo (m)	**vrchol** (m)	[vrxol]
ramo (m)	**větev** (ž)	[vetɛf]
galho (m)	**suk** (m)	[suk]
botão (m)	**pupen** (m)	[pupɛn]
agulha (f)	**jehla** (ž)	[jɛhla]
pinha (f)	**šiška** (ž)	[ʃɪʃka]
buraco (m) de árvore	**dutina** (ž)	[dutɪna]
ninho (m)	**hnízdo** (s)	[hni:zdo]
toca (f)	**doupě** (s)	[doupe]
tronco (m)	**kmen** (m)	[kmɛn]
raiz (f)	**kořen** (m)	[korʒɛn]
casca (f) de árvore	**kůra** (ž)	[ku:ra]
musgo (m)	**mech** (m)	[mɛx]
arrancar pela raiz	**klučit**	[kluʧɪt]
cortar (vt)	**kácet**	[ka:ʦɛt]
desflorestar (vt)	**odlesnit**	[odlesnɪt]
toco, cepo (m)	**pařez** (m)	[parʒɛz]
fogueira (f)	**oheň** (m)	[ohɛnʲ]
incêndio (m) florestal	**požár** (m)	[poʒa:r]
apagar (vt)	**hasit**	[hasɪt]
guarda-parque (m)	**hajný** (m)	[hajni:]
proteção (f)	**ochrana** (ž)	[oxrana]
proteger (a natureza)	**chránit**	[xra:nɪt]
caçador (m) furtivo	**pytlák** (m)	[pɪtla:k]
armadilha (f)	**past** (ž)	[past]
colher (cogumelos, bagas)	**sbírat**	[zbi:rat]
perder-se (vr)	**zabloudit**	[zabloudɪt]

132. Recursos naturais

recursos (m pl) naturais	**přírodní zdroje** (m mn)	[prʃi:rodni: zdrojɛ]
minerais (m pl)	**užitkové nerosty** (m mn)	[uʒɪtkovɛ: nɛrostɪ]
depósitos (m pl)	**ložisko** (s)	[loʒɪsko]
jazida (f)	**naleziště** (s)	[nalezɪʃte]
extrair (vt)	**dobývat**	[dobi:vat]
extração (f)	**těžba** (ž)	[teʒba]
minério (m)	**ruda** (ž)	[ruda]
mina (f)	**důl** (m)	[du:l]
poço (m) de mina	**šachta** (ž)	[ʃaxta]
mineiro (m)	**horník** (m)	[horni:k]
gás (m)	**plyn** (m)	[plɪn]
gasoduto (m)	**plynovod** (m)	[plɪnovot]
petróleo (m)	**ropa** (ž)	[ropa]
oleoduto (m)	**ropovod** (m)	[ropovot]
poço (m) de petróleo	**ropová věž** (ž)	[ropova: veʃ]

torre (f) petrolífera	**vrtná věž** (ž)	[vrtna: veʃ]
petroleiro (m)	**tanková loď** (ž)	[taŋkova: lotʲ]
areia (f)	**písek** (m)	[pi:sɛk]
calcário (m)	**vápenec** (m)	[va:pɛnɛʦ]
cascalho (m)	**štěrk** (m)	[ʃterk]
turfa (f)	**rašelina** (ž)	[raʃɛlɪna]
argila (f)	**hlína** (ž)	[hli:na]
carvão (m)	**uhlí** (s)	[uhli:]
ferro (m)	**železo** (s)	[ʒelɛzo]
ouro (m)	**zlato** (s)	[zlato]
prata (f)	**stříbro** (s)	[strʃi:bro]
níquel (m)	**nikl** (m)	[nɪkl]
cobre (m)	**měď** (ž)	[mnetʲ]
zinco (m)	**zinek** (m)	[zɪnɛk]
manganês (m)	**mangan** (m)	[mangan]
mercúrio (m)	**rtuť** (ž)	[rtutʲ]
chumbo (m)	**olovo** (s)	[olovo]
mineral (m)	**minerál** (m)	[mɪnɛra:l]
cristal (m)	**krystal** (m)	[krɪstal]
mármore (m)	**mramor** (m)	[mramor]
urânio (m)	**uran** (m)	[uran]

A Terra. Parte 2

133. Tempo

tempo (m)	**počasí** (s)	[poʧasi:]
previsão (f) do tempo	**předpověď** (ž) **počasí**	[prʃɛtpovetʲ poʧasi:]
temperatura (f)	**teplota** (ž)	[tɛplota]
termômetro (m)	**teploměr** (m)	[tɛplomner]
barômetro (m)	**barometr** (m)	[baromɛtr]
umidade (f)	**vlhkost** (ž)	[vlxkost]
calor (m)	**horko** (s)	[horko]
tórrido (adj)	**horký**	[horki:]
está muito calor	**horko**	[horko]
está calor	**teplo**	[tɛplo]
quente (morno)	**teplý**	[tɛpli:]
está frio	**je zima**	[jɛ zɪma]
frio (adj)	**studený**	[studɛni:]
sol (m)	**slunce** (s)	[sluntsɛ]
brilhar (vi)	**svítit**	[svi:tɪt]
de sol, ensolarado	**slunečný**	[slunɛʧni:]
nascer (vi)	**vzejít**	[vzɛji:t]
pôr-se (vr)	**zapadnout**	[zapadnout]
nuvem (f)	**mrak** (m)	[mrak]
nublado (adj)	**oblačný**	[oblaʧni:]
nuvem (f) preta	**mračno** (s)	[mraʧno]
escuro, cinzento (adj)	**pochmurný**	[poxmurni:]
chuva (f)	**déšť** (m)	[dɛ:ʃtʲ]
está a chover	**prší**	[prʃi:]
chuvoso (adj)	**deštivý**	[dɛʃtɪvi:]
chuviscar (vi)	**mrholit**	[mrholɪt]
chuva (f) torrencial	**liják** (m)	[lɪja:k]
aguaceiro (m)	**liják** (m)	[lɪja:k]
forte (chuva, etc.)	**silný**	[sɪlni:]
poça (f)	**kaluž** (ž)	[kaluʃ]
molhar-se (vr)	**moknout**	[moknout]
nevoeiro (m)	**mlha** (ž)	[mlha]
de nevoeiro	**mlhavý**	[mlhavi:]
neve (f)	**sníh** (m)	[sni:x]
está nevando	**sněží**	[snɛʒi:]

134. Tempo extremo. Catástrofes naturais

trovoada (f)	**bouřka** (ž)	[bourʃka]
relâmpago (m)	**blesk** (m)	[blɛsk]
relampejar (vi)	**blýskat se**	[bli:skat sɛ]
trovão (m)	**hřmění** (s)	[hrʒmneni:]
trovejar (vi)	**hřmít**	[hrʒmi:t]
está trovejando	**hřmí**	[hrʒmi:]
granizo (m)	**kroupy** (ž mn)	[kroupɪ]
está caindo granizo	**padají kroupy**	[padaji: kroupɪ]
inundar (vt)	**zaplavit**	[zaplavɪt]
inundação (f)	**povodeň** (ž)	[povodɛnʲ]
terremoto (m)	**zemětřesení** (s)	[zɛmnetrʃɛsɛni:]
abalo, tremor (m)	**otřes** (m)	[otrʃɛs]
epicentro (m)	**epicentrum** (s)	[ɛpɪʦɛntrum]
erupção (f)	**výbuch** (m)	[vi:bux]
lava (f)	**láva** (ž)	[la:va]
tornado (m)	**smršť** (ž)	[smrʃtʲ]
tornado (m)	**tornádo** (s)	[torna:do]
tufão (m)	**tajfun** (m)	[tajfun]
furacão (m)	**hurikán** (m)	[hurɪka:n]
tempestade (f)	**bouřka** (ž)	[bourʃka]
tsunami (m)	**tsunami** (s)	[tsunamɪ]
ciclone (m)	**cyklón** (m)	[ʦiklo:n]
mau tempo (m)	**nečas** (m)	[nɛʧas]
incêndio (m)	**požár** (m)	[poʒa:r]
catástrofe (f)	**katastrofa** (ž)	[katastrofa]
meteorito (m)	**meteorit** (m)	[mɛtɛorɪt]
avalanche (f)	**lavina** (ž)	[lavɪna]
deslizamento (m) de neve	**lavina** (ž)	[lavɪna]
nevasca (f)	**metelice** (ž)	[mɛtɛlɪʦɛ]
tempestade (f) de neve	**vánice** (ž)	[va:nɪʦɛ]

Fauna

135. Mamíferos. Predadores

predador (m)	**šelma** (ž)	[ʃɛlma]
tigre (m)	**tygr** (m)	[tɪgr]
leão (m)	**lev** (m)	[lɛf]
lobo (m)	**vlk** (m)	[vlk]
raposa (f)	**liška** (ž)	[lɪʃka]
jaguar (m)	**jaguár** (m)	[jagua:r]
leopardo (m)	**levhart** (m)	[lɛvhart]
chita (f)	**gepard** (m)	[gɛpart]
pantera (f)	**panter** (m)	[pantɛr]
puma (m)	**puma** (ž)	[puma]
leopardo-das-neves (m)	**pardál** (m)	[parda:l]
lince (m)	**rys** (m)	[rɪs]
coiote (m)	**kojot** (m)	[kojot]
chacal (m)	**šakal** (m)	[ʃakal]
hiena (f)	**hyena** (ž)	[hɪena]

136. Animais selvagens

animal (m)	**zvíře** (s)	[zvi:rʒɛ]
besta (f)	**zvíře** (s)	[zvi:rʒɛ]
esquilo (m)	**veverka** (ž)	[vɛvɛrka]
ouriço (m)	**ježek** (m)	[jɛʒek]
lebre (f)	**zajíc** (m)	[zaji:ʦ]
coelho (m)	**králík** (m)	[kra:li:k]
texugo (m)	**jezevec** (m)	[jɛzɛvɛʦ]
guaxinim (m)	**mýval** (m)	[mi:val]
hamster (m)	**křeček** (m)	[krʃɛʧɛk]
marmota (f)	**svišť** (m)	[svɪʃtʲ]
toupeira (f)	**krtek** (m)	[krtɛk]
rato (m)	**myš** (ž)	[mɪʃ]
ratazana (f)	**krysa** (ž)	[krɪsa]
morcego (m)	**netopýr** (m)	[nɛtopi:r]
arminho (m)	**hranostaj** (m)	[hranostaj]
zibelina (f)	**sobol** (m)	[sobol]
marta (f)	**kuna** (ž)	[kuna]
doninha (f)	**lasice** (ž)	[lasɪʦɛ]
visom (m)	**norek** (m)	[norɛk]

castor (m) **bobr** (m) [bobr]
lontra (f) **vydra** (ž) [vɪdra]

cavalo (m) **kůň** (m) [ku:nʲ]
alce (m) **los** (m) [los]
veado (m) **jelen** (m) [jɛlɛn]
camelo (m) **velbloud** (m) [vɛlblout]

bisão (m) **bizon** (m) [bɪzon]
auroque (m) **zubr** (m) [zubr]
búfalo (m) **buvol** (m) [buvol]

zebra (f) **zebra** (ž) [zɛbra]
antílope (m) **antilopa** (ž) [antɪlopa]
corça (f) **srnka** (ž) [srŋka]
gamo (m) **daněk** (m) [danek]
camurça (f) **kamzík** (m) [kamzi:k]
javali (m) **vepř** (m) [vɛprʃ]

baleia (f) **velryba** (ž) [vɛlrɪba]
foca (f) **tuleň** (m) [tulɛnʲ]
morsa (f) **mrož** (m) [mroʃ]
urso-marinho (m) **lachtan** (m) [laxtan]
golfinho (m) **delfín** (m) [dɛlfi:n]

urso (m) **medvěd** (m) [mɛdvet]
urso (m) polar **bílý medvěd** (m) [bi:li: mɛdvet]
panda (m) **panda** (ž) [panda]

macaco (m) **opice** (ž) [opɪʦɛ]
chimpanzé (m) **šimpanz** (m) [ʃɪmpanz]
orangotango (m) **orangutan** (m) [orangutan]
gorila (m) **gorila** (ž) [gorɪla]
macaco (m) **makak** (m) [makak]
gibão (m) **gibon** (m) [gɪbon]

elefante (m) **slon** (m) [slon]
rinoceronte (m) **nosorožec** (m) [nosoroʒɛʦ]
girafa (f) **žirafa** (ž) [ʒɪrafa]
hipopótamo (m) **hroch** (m) [hrox]

canguru (m) **klokan** (m) [klokan]
coala (m) **koala** (ž) [koala]

mangusto (m) **promyka** (ž) **indická** [promɪka ɪndɪʦka:]
chinchila (f) **činčila** (ž) [ʧɪnʧɪla]
cangambá (f) **skunk** (m) [skuŋk]
porco-espinho (m) **dikobraz** (m) [dɪkobras]

137. Animais domésticos

gata (f) **kočka** (ž) [koʧka]
gato (m) macho **kocour** (m) [koʦour]
cão (m) **pes** (m) [pɛs]

cavalo (m)	**kůň** (m)	[ku:nʲ]
garanhão (m)	**hřebec** (m)	[hrʒɛbɛʦ]
égua (f)	**kobyla** (ž)	[kobɪla]
vaca (f)	**kráva** (ž)	[kra:va]
touro (m)	**býk** (m)	[bi:k]
boi (m)	**vůl** (m)	[vu:l]
ovelha (f)	**ovce** (ž)	[ovʦɛ]
carneiro (m)	**beran** (m)	[bɛran]
cabra (f)	**koza** (ž)	[koza]
bode (m)	**kozel** (m)	[kozɛl]
burro (m)	**osel** (m)	[osɛl]
mula (f)	**mul** (m)	[mul]
porco (m)	**prase** (s)	[prasɛ]
leitão (m)	**prasátko** (s)	[prasa:tko]
coelho (m)	**králík** (m)	[kra:li:k]
galinha (f)	**slepice** (ž)	[slɛpɪʦɛ]
galo (m)	**kohout** (m)	[kohout]
pata (f), pato (m)	**kachna** (ž)	[kaxna]
pato (m)	**kačer** (m)	[kaʧɛr]
ganso (m)	**husa** (ž)	[husa]
peru (m)	**krocan** (m)	[kroʦan]
perua (f)	**krůta** (ž)	[kru:ta]
animais (m pl) domésticos	**domácí zvířata** (s mn)	[doma:ʦi: zvi:rʒata]
domesticado (adj)	**ochočený**	[oxoʧɛni:]
domesticar (vt)	**ochočovat**	[oxoʧovat]
criar (vt)	**chovat**	[xovat]
fazenda (f)	**farma** (ž)	[farma]
aves (f pl) domésticas	**drůbež** (ž)	[dru:bɛʃ]
gado (m)	**dobytek** (m)	[dobɪtɛk]
rebanho (m), manada (f)	**stádo** (s)	[sta:do]
estábulo (m)	**stáj** (ž)	[sta:j]
chiqueiro (m)	**vepřín** (m)	[vɛprʃi:n]
estábulo (m)	**kravín** (m)	[kravi:n]
coelheira (f)	**králíkárna** (ž)	[kra:li:ka:rna]
galinheiro (m)	**kurník** (m)	[kurni:k]

138. Pássaros

pássaro (m), ave (f)	**pták** (m)	[pta:k]
pombo (m)	**holub** (m)	[holup]
pardal (m)	**vrabec** (m)	[vrabɛʦ]
chapim-real (m)	**sýkora** (ž)	[si:kora]
pega-rabuda (f)	**straka** (ž)	[straka]
corvo (m)	**havran** (m)	[havran]

gralha-cinzenta (f) **vrána** (ž) [vra:na]
gralha-de-nuca-cinzenta (f) **kavka** (ž) [kafka]
gralha-calva (f) **polní havran** (m) [polni: havran]

pato (m) **kachna** (ž) [kaxna]
ganso (m) **husa** (ž) [husa]
faisão (m) **bažant** (m) [baʒant]

águia (f) **orel** (m) [orɛl]
açor (m) **jestřáb** (m) [jɛstrʃa:p]
falcão (m) **sokol** (m) [sokol]
abutre (m) **sup** (m) [sup]
condor (m) **kondor** (m) [kondor]

cisne (m) **labuť** (ž) [labutʲ]
grou (m) **jeřáb** (m) [jɛrʒa:p]
cegonha (f) **čáp** (m) [ʧa:p]

papagaio (m) **papoušek** (m) [papouʃɛk]
beija-flor (m) **kolibřík** (m) [kolɪbrʒi:k]
pavão (m) **páv** (m) [pa:f]

avestruz (m) **pštros** (m) [pʃtros]
garça (f) **volavka** (ž) [volafka]
flamingo (m) **plameňák** (m) [plamɛnʲa:k]
pelicano (m) **pelikán** (m) [pɛlɪka:n]

rouxinol (m) **slavík** (m) [slavi:k]
andorinha (f) **vlaštovka** (ž) [vlaʃtofka]

tordo-zornal (m) **drozd** (m) [drozt]
tordo-músico (m) **zpěvný drozd** (m) [spevni: drozt]
melro-preto (m) **kos** (m) [kos]

andorinhão (m) **rorejs** (m) [rorɛjs]
cotovia (f) **skřivan** (m) [skrʃɪvan]
codorna (f) **křepel** (m) [krʃɛpɛl]

pica-pau (m) **datel** (m) [datɛl]
cuco (m) **kukačka** (ž) [kukaʧka]
coruja (f) **sova** (ž) [sova]
bufo-real (m) **výr** (m) [vi:r]
tetraz-grande (m) **tetřev** (m) **hlušec** [tɛtrʃɛv hluʃɛʦ]
tetraz-lira (m) **tetřev** (m) [tɛtrʃɛf]
perdiz-cinzenta (f) **koroptev** (ž) [koroptɛf]

estorninho (m) **špaček** (m) [ʃpaʧɛk]
canário (m) **kanár** (m) [kana:r]
galinha-do-mato (f) **jeřábek** (m) [jɛrʒa:bɛk]

tentilhão (m) **pěnkava** (ž) [peŋkava]
dom-fafe (m) **hejl** (m) [hɛjl]

gaivota (f) **racek** (m) [raʦɛk]
albatroz (m) **albatros** (m) [albatros]
pinguim (m) **tučňák** (m) [tuʧnʲa:k]

139. Peixes. Animais marinhos

brema (f)	**cejn** (m)	[ʦɛjn]
carpa (f)	**kapr** (m)	[kapr]
perca (f)	**okoun** (m)	[okoun]
siluro (m)	**sumec** (m)	[sumɛʦ]
lúcio (m)	**štika** (ž)	[ʃtɪka]
salmão (m)	**losos** (m)	[losos]
esturjão (m)	**jeseter** (m)	[jɛsɛtɛr]
arenque (m)	**sleď** (ž)	[slɛtʲ]
salmão (m) do Atlântico	**losos** (m)	[losos]
cavala, sarda (f)	**makrela** (ž)	[makrɛla]
solha (f), linguado (m)	**platýs** (m)	[plati:s]
lúcio perca (m)	**candát** (m)	[ʦanda:t]
bacalhau (m)	**treska** (ž)	[trɛska]
atum (m)	**tuňák** (m)	[tunʲa:k]
truta (f)	**pstruh** (m)	[pstrux]
enguia (f)	**úhoř** (m)	[u:horʃ]
raia (f) elétrica	**rejnok** (m) **elektrický**	[rɛjnok ɛlɛktrɪʦki:]
moreia (f)	**muréna** (ž)	[murɛ:na]
piranha (f)	**piraňa** (ž)	[pɪranʲja]
tubarão (m)	**žralok** (m)	[ʒralok]
golfinho (m)	**delfín** (m)	[dɛlfi:n]
baleia (f)	**velryba** (ž)	[vɛlrɪba]
caranguejo (m)	**krab** (m)	[krap]
água-viva (f)	**medúza** (ž)	[mɛdu:za]
polvo (m)	**chobotnice** (ž)	[xobotnɪʦɛ]
estrela-do-mar (f)	**hvězdice** (ž)	[hvezdɪʦɛ]
ouriço-do-mar (m)	**ježovka** (ž)	[jɛʒofka]
cavalo-marinho (m)	**mořský koníček** (m)	[morʃski: koni:ʧɛk]
ostra (f)	**ústřice** (ž)	[u:strʃɪʦɛ]
camarão (m)	**kreveta** (ž)	[krɛvɛta]
lagosta (f)	**humr** (m)	[humr]
lagosta (f)	**langusta** (ž)	[langusta]

140. Anfíbios. Répteis

cobra (f)	**had** (m)	[hat]
venenoso (adj)	**jedovatý**	[jɛdovati:]
víbora (f)	**zmije** (ž)	[zmɪjɛ]
naja (f)	**kobra** (ž)	[kobra]
píton (m)	**krajta** (ž)	[krajta]
jiboia (f)	**hroznýš** (m)	[hrozni:ʃ]
cobra-de-água (f)	**užovka** (ž)	[uʒofka]

cascavel (f)	**chřestýš** (m)	[xrʃɛsti:ʃ]
anaconda (f)	**anakonda** (ž)	[anakonda]
lagarto (m)	**ještěrka** (ž)	[jɛʃterka]
iguana (f)	**leguán** (m)	[lɛgua:n]
varano (m)	**varan** (m)	[varan]
salamandra (f)	**mlok** (m)	[mlok]
camaleão (m)	**chameleón** (m)	[xamɛlɛo:n]
escorpião (m)	**štír** (m)	[ʃti:r]
tartaruga (f)	**želva** (ž)	[ʒelva]
rã (f)	**žába** (ž)	[ʒa:ba]
sapo (m)	**ropucha** (ž)	[ropuxa]
crocodilo (m)	**krokodýl** (m)	[krokodi:l]

141. Insetos

inseto (m)	**hmyz** (m)	[hmɪz]
borboleta (f)	**motýl** (m)	[moti:l]
formiga (f)	**mravenec** (m)	[mravɛnɛʦ]
mosca (f)	**moucha** (ž)	[mouxa]
mosquito (m)	**komár** (m)	[koma:r]
escaravelho (m)	**brouk** (m)	[brouk]
vespa (f)	**vosa** (ž)	[vosa]
abelha (f)	**včela** (ž)	[vʧɛla]
mamangaba (f)	**čmelák** (m)	[ʧmɛla:k]
moscardo (m)	**střeček** (m)	[strʃɛʧɛk]
aranha (f)	**pavouk** (m)	[pavouk]
teia (f) de aranha	**pavučina** (ž)	[pavuʧɪna]
libélula (f)	**vážka** (ž)	[va:ʃka]
gafanhoto (m)	**kobylka** (ž)	[kobɪlka]
traça (f)	**motýl** (m)	[moti:l]
barata (f)	**šváb** (m)	[ʃva:p]
carrapato (m)	**klíště** (s)	[kli:ʃte]
pulga (f)	**blecha** (ž)	[blɛxa]
borrachudo (m)	**muška** (ž)	[muʃka]
gafanhoto (m)	**saranče** (ž)	[saranʧɛ]
caracol (m)	**hlemýžď** (m)	[hlɛmi:ʒtʲ]
grilo (m)	**cvrček** (m)	[ʦvrʧɛk]
pirilampo, vaga-lume (m)	**svatojánská muška** (ž)	[svatoja:nska: muʃka]
joaninha (f)	**slunéčko** (s) **sedmitečné**	[slunɛ:ʧko sɛdmɪtɛʧnɛ:]
besouro (m)	**chroust** (m)	[xroust]
sanguessuga (f)	**piavice** (ž)	[pɪavɪʦɛ]
lagarta (f)	**housenka** (ž)	[housɛŋka]
minhoca (f)	**červ** (m)	[ʧɛrf]
larva (f)	**larva** (ž)	[larva]

Flora

142. Árvores

árvore (f)	**strom** (m)	[strom]
decídua (adj)	**listnatý**	[lɪstnati:]
conífera (adj)	**jehličnatý**	[jɛhlɪʧnati:]
perene (adj)	**stálezelená**	[sta:lɛzɛlɛna:]
macieira (f)	**jabloň** (ž)	[jablonʲ]
pereira (f)	**hruška** (ž)	[hruʃka]
cerejeira (f)	**třešně** (ž)	[trʃɛʃne]
ginjeira (f)	**višně** (ž)	[vɪʃne]
ameixeira (f)	**švestka** (ž)	[ʃvɛstka]
bétula (f)	**bříza** (ž)	[brʒi:za]
carvalho (m)	**dub** (m)	[dup]
tília (f)	**lípa** (ž)	[li:pa]
choupo-tremedor (m)	**osika** (ž)	[osɪka]
bordo (m)	**javor** (m)	[javor]
espruce (m)	**smrk** (m)	[smrk]
pinheiro (m)	**borovice** (ž)	[borovɪʦɛ]
alerce, lariço (m)	**modřín** (m)	[modrʒi:n]
abeto (m)	**jedle** (ž)	[jɛdlɛ]
cedro (m)	**cedr** (m)	[ʦɛdr]
choupo, álamo (m)	**topol** (m)	[topol]
tramazeira (f)	**jeřáb** (m)	[jɛrʒa:p]
salgueiro (m)	**jíva** (ž)	[ji:va]
amieiro (m)	**olše** (ž)	[olʃɛ]
faia (f)	**buk** (m)	[buk]
ulmeiro, olmo (m)	**jilm** (m)	[jɪlm]
freixo (m)	**jasan** (m)	[jasan]
castanheiro (m)	**kaštan** (m)	[kaʃtan]
magnólia (f)	**magnólie** (ž)	[magno:lɪe]
palmeira (f)	**palma** (ž)	[palma]
cipreste (m)	**cypřiš** (m)	[ʦɪprʃɪʃ]
mangue (m)	**mangróvie** (ž)	[mangro:vɪe]
embondeiro, baobá (m)	**baobab** (m)	[baobap]
eucalipto (m)	**eukalypt** (m)	[ɛukalɪpt]
sequoia (f)	**sekvoje** (ž)	[sɛkvojɛ]

143. Arbustos

arbusto (m)	**keř** (m)	[kɛrʃ]
arbusto (m), moita (f)	**křoví** (s)	[krʃovi:]

videira (f)	**vinná réva** (s)	[vɪnna: re:va]
vinhedo (m)	**vinice** (ž)	[vɪnɪʦɛ]
framboeseira (f)	**maliny** (ž mn)	[malɪnɪ]
groselheira-vermelha (f)	**červený rybíz** (m)	[ʧɛrvɛni: rɪbi:z]
groselheira (f) espinhosa	**angrešt** (m)	[angrɛʃt]
acácia (f)	**akácie** (ž)	[aka:ʦɪe]
bérberis (f)	**dřišťál** (m)	[drʒɪʃtʲa:l]
jasmim (m)	**jasmín** (m)	[jasmi:n]
junípero (m)	**jalovec** (m)	[jalovɛʦ]
roseira (f)	**růžový keř** (m)	[ru:ʒovi: kɛrʃ]
roseira (f) brava	**šípek** (m)	[ʃi:pɛk]

144. Frutos. Bagas

maçã (f)	**jablko** (s)	[jablko]
pera (f)	**hruška** (ž)	[hruʃka]
ameixa (f)	**švestka** (ž)	[ʃvɛstka]
morango (m)	**zahradní jahody** (ž mn)	[zahradni: jahodɪ]
ginja (f)	**višně** (ž)	[vɪʃne]
cereja (f)	**třešně** (ž mn)	[trʃɛʃne]
uva (f)	**hroznové víno** (s)	[hroznovɛ: vi:no]
framboesa (f)	**maliny** (ž mn)	[malɪnɪ]
groselha (f) negra	**černý rybíz** (m)	[ʧɛrni: rɪbi:z]
groselha (f) vermelha	**červený rybíz** (m)	[ʧɛrvɛni: rɪbi:z]
groselha (f) espinhosa	**angrešt** (m)	[angrɛʃt]
oxicoco (m)	**klikva** (ž)	[klɪkva]
laranja (f)	**pomeranč** (m)	[pomɛranʧ]
tangerina (f)	**mandarinka** (ž)	[mandarɪŋka]
abacaxi (m)	**ananas** (m)	[ananas]
banana (f)	**banán** (m)	[bana:n]
tâmara (f)	**datle** (ž)	[datlɛ]
limão (m)	**citrón** (m)	[ʦɪtro:n]
damasco (m)	**meruňka** (ž)	[mɛrunʲka]
pêssego (m)	**broskev** (ž)	[broskɛf]
quiuí (m)	**kiwi** (s)	[kɪvɪ]
toranja (f)	**grapefruit** (m)	[grɛjpfru:t]
baga (f)	**bobule** (ž)	[bobulɛ]
bagas (f pl)	**bobule** (ž mn)	[bobulɛ]
arando (m) vermelho	**brusinky** (ž mn)	[brusɪŋkɪ]
morango-silvestre (m)	**jahody** (ž mn)	[jahodɪ]
mirtilo (m)	**borůvky** (ž mn)	[boru:fkɪ]

145. Flores. Plantas

flor (f)	**květina** (ž)	[kvetɪna]
buquê (m) de flores	**kytice** (ž)	[kɪtɪʦɛ]

rosa (f)	**růže** (ž)	[ru:ʒe]
tulipa (f)	**tulipán** (m)	[tulɪpa:n]
cravo (m)	**karafiát** (m)	[karafɪa:t]
gladíolo (m)	**mečík** (m)	[mɛʧi:k]
centáurea (f)	**chrpa** (ž)	[xrpa]
campainha (f)	**zvoneček** (m)	[zvonɛʧɛk]
dente-de-leão (m)	**pampeliška** (ž)	[pampɛlɪʃka]
camomila (f)	**heřmánek** (m)	[hɛrʒma:nɛk]
aloé (m)	**aloe** (s)	[aloɛ]
cacto (m)	**kaktus** (m)	[kaktus]
fícus (m)	**fíkus** (m)	[fi:kus]
lírio (m)	**lilie** (ž)	[lɪlɪe]
gerânio (m)	**geránie** (ž)	[gera:nɪe]
jacinto (m)	**hyacint** (m)	[hɪaʦɪnt]
mimosa (f)	**citlivka** (ž)	[ʦɪtlɪfka]
narciso (m)	**narcis** (m)	[narʦɪs]
capuchinha (f)	**potočnice** (ž)	[potoʧnɪʦɛ]
orquídea (f)	**orchidej** (ž)	[orxɪdɛj]
peônia (f)	**pivoňka** (ž)	[pɪvonʲka]
violeta (f)	**fialka** (ž)	[fɪalka]
amor-perfeito (m)	**maceška** (ž)	[maʦɛʃka]
não-me-esqueças (m)	**pomněnka** (ž)	[pomneŋka]
margarida (f)	**sedmikráska** (ž)	[sɛdmɪkra:ska]
papoula (f)	**mák** (m)	[ma:k]
cânhamo (m)	**konopě** (ž)	[konope]
hortelã, menta (f)	**máta** (ž)	[ma:ta]
lírio-do-vale (m)	**konvalinka** (ž)	[konvalɪŋka]
campânula-branca (f)	**sněženka** (ž)	[sneʒeŋka]
urtiga (f)	**kopřiva** (ž)	[koprʃɪva]
azedinha (f)	**šťovík** (m)	[ʃtʲovi:k]
nenúfar (m)	**leknín** (m)	[lɛkni:n]
samambaia (f)	**kapradí** (s)	[kapradi:]
líquen (m)	**lišejník** (m)	[lɪʃɛjni:k]
estufa (f)	**oranžérie** (ž)	[oranʒe:rɪe]
gramado (m)	**trávník** (m)	[tra:vni:k]
canteiro (m) de flores	**květinový záhonek** (m)	[kvetɪnovi: za:honɛk]
planta (f)	**rostlina** (ž)	[rostlɪna]
grama (f)	**tráva** (ž)	[tra:va]
folha (f) de grama	**stéblo** (s) **trávy**	[stɛ:blo tra:vɪ]
folha (f)	**list** (m)	[lɪst]
pétala (f)	**okvětní lístek** (m)	[okvetni: li:stɛk]
talo (m)	**stéblo** (s)	[stɛ:blo]
tubérculo (m)	**hlíza** (ž)	[hli:za]
broto, rebento (m)	**výhonek** (m)	[vi:honɛk]

espinho (m)	**osten** (m)	[ostɛn]
florescer (vi)	**kvést**	[kvɛ:st]
murchar (vi)	**vadnout**	[vadnout]
cheiro (m)	**vůně** (ž)	[vu:ne]
cortar (flores)	**uříznout**	[urʒi:znout]
colher (uma flor)	**utrhnout**	[utrhnout]

146. Cereais, grãos

grão (m)	**obilí** (s)	[obɪli:]
cereais (plantas)	**obilniny** (ž mn)	[obɪlnɪnɪ]
espiga (f)	**klas** (m)	[klas]
trigo (m)	**pšenice** (ž)	[pʃɛnɪʦɛ]
centeio (m)	**žito** (s)	[ʒɪto]
aveia (f)	**oves** (m)	[ovɛs]
painço (m)	**jáhly** (ž mn)	[ja:hlɪ]
cevada (f)	**ječmen** (m)	[jɛʧmɛn]
milho (m)	**kukuřice** (ž)	[kukurʒɪʦɛ]
arroz (m)	**rýže** (ž)	[ri:ʒe]
trigo-sarraceno (m)	**pohanka** (ž)	[pohaŋka]
ervilha (f)	**hrách** (m)	[hra:x]
feijão (m) roxo	**fazole** (ž)	[fazolɛ]
soja (f)	**sója** (ž)	[so:ja]
lentilha (f)	**čočka** (ž)	[ʧoʧka]
feijão (m)	**boby** (m mn)	[bobɪ]

PAÍSES. NACIONALIDADES

147. Europa Ocidental

Europa (f)	**Evropa** (ž)	[ɛvropa]
União (f) Europeia	**Evropská unie** (ž)	[ɛuropska: unɪe]
Áustria (f)	**Rakousko** (s)	[rakousko]
Grã-Bretanha (f)	**Velká Británie** (ž)	[vɛlka: brɪta:nɪe]
Inglaterra (f)	**Anglie** (ž)	[anglɪe]
Bélgica (f)	**Belgie** (ž)	[bɛlgɪe]
Alemanha (f)	**Německo** (s)	[nemɛʦko]
Países Baixos (m pl)	**Nizozemí** (s)	[nɪzozɛmi:]
Holanda (f)	**Holandsko** (s)	[holandsko]
Grécia (f)	**Řecko** (s)	[rʒɛʦko]
Dinamarca (f)	**Dánsko** (s)	[da:nsko]
Irlanda (f)	**Irsko** (s)	[ɪrsko]
Islândia (f)	**Island** (m)	[ɪslant]
Espanha (f)	**Španělsko** (s)	[ʃpanelsko]
Itália (f)	**Itálie** (ž)	[ɪta:lɪe]
Chipre (m)	**Kypr** (m)	[kɪpr]
Malta (f)	**Malta** (ž)	[malta]
Noruega (f)	**Norsko** (s)	[norsko]
Portugal (m)	**Portugalsko** (s)	[portugalsko]
Finlândia (f)	**Finsko** (s)	[fɪnsko]
França (f)	**Francie** (ž)	[franʦɪe]
Suécia (f)	**Švédsko** (s)	[ʃvɛ:tsko]
Suíça (f)	**Švýcarsko** (s)	[ʃvi:ʦarsko]
Escócia (f)	**Skotsko** (s)	[skotsko]
Vaticano (m)	**Vatikán** (m)	[vatɪka:n]
Liechtenstein (m)	**Lichtenštejnsko** (s)	[lɪxtɛnʃtɛjnsko]
Luxemburgo (m)	**Lucembursko** (s)	[luʦɛmbursko]
Mônaco (m)	**Monako** (s)	[monako]

148. Europa Central e de Leste

Albânia (f)	**Albánie** (ž)	[alba:nɪe]
Bulgária (f)	**Bulharsko** (s)	[bulharsko]
Hungria (f)	**Maďarsko** (s)	[madʲarsko]
Letônia (f)	**Lotyšsko** (s)	[lotɪʃsko]
Lituânia (f)	**Litva** (ž)	[lɪtva]
Polônia (f)	**Polsko** (s)	[polsko]

Romênia (f)	**Rumunsko** (s)	[rumunsko]
Sérvia (f)	**Srbsko** (s)	[srpsko]
Eslováquia (f)	**Slovensko** (s)	[slovɛnsko]
Croácia (f)	**Chorvatsko** (s)	[xorvatsko]
República (f) Checa	**Česko** (s)	[ʧɛsko]
Estônia (f)	**Estonsko** (s)	[ɛstonsko]
Bósnia e Herzegovina (f)	**Bosna a Hercegovina** (ž)	[bosna a hɛrʦɛgovɪna]
Macedônia (f)	**Makedonie** (ž)	[makɛdonɪe]
Eslovênia (f)	**Slovinsko** (s)	[slovɪnsko]
Montenegro (m)	**Černá Hora** (ž)	[ʧɛrna: hora]

149. Países da ex-URSS

Azerbaijão (m)	**Ázerbájdžán** (m)	[a:zɛrba:jʤa:n]
Armênia (f)	**Arménie** (ž)	[armɛ:nɪe]
Belarus	**Bělorusko** (s)	[belorusko]
Geórgia (f)	**Gruzie** (ž)	[gruzɪe]
Cazaquistão (m)	**Kazachstán** (m)	[kazaxsta:n]
Quirguistão (m)	**Kyrgyzstán** (m)	[kɪrgɪsta:n]
Moldávia (f)	**Moldavsko** (s)	[moldavsko]
Rússia (f)	**Rusko** (s)	[rusko]
Ucrânia (f)	**Ukrajina** (ž)	[ukrajɪna]
Tajiquistão (m)	**Tádžikistán** (m)	[ta:ʤɪkɪsta:n]
Turquemenistão (m)	**Turkmenistán** (m)	[turkmɛnɪsta:n]
Uzbequistão (f)	**Uzbekistán** (m)	[uzbɛkɪsta:n]

150. Asia

Ásia (f)	**Asie** (ž)	[azɪe]
Vietnã (m)	**Vietnam** (m)	[vjɛtnam]
Índia (f)	**Indie** (ž)	[ɪndɪe]
Israel (m)	**Izrael** (m)	[ɪzraɛl]
China (f)	**Čína** (ž)	[ʧi:na]
Líbano (m)	**Libanon** (m)	[lɪbanon]
Mongólia (f)	**Mongolsko** (s)	[mongolsko]
Malásia (f)	**Malajsie** (ž)	[malajzɪe]
Paquistão (m)	**Pákistán** (m)	[pa:kɪsta:n]
Arábia (f) Saudita	**Saúdská Arábie** (ž)	[sau:dska: ara:bɪe]
Tailândia (f)	**Thajsko** (s)	[tajsko]
Taiwan (m)	**Tchaj-wan** (m)	[tajvan]
Turquia (f)	**Turecko** (s)	[turɛʦko]
Japão (m)	**Japonsko** (s)	[japonsko]
Afeganistão (m)	**Afghánistán** (m)	[afga:nɪsta:n]
Bangladesh (m)	**Bangladéš** (m)	[banglade:ʃ]

Indonésia (f)	**Indonésie** (ž)	[ɪndonɛ:zɪe]
Jordânia (f)	**Jordánsko** (s)	[jorda:nsko]
Iraque (m)	**Irák** (m)	[ɪra:k]
Irã (m)	**Írán** (m)	[i:ra:n]
Camboja (f)	**Kambodža** (ž)	[kambodʒa]
Kuwait (m)	**Kuvajt** (m)	[kuvajt]
Laos (m)	**Laos** (m)	[laos]
Birmânia (f)	**Barma** (ž)	[barma]
Nepal (m)	**Nepál** (m)	[nɛpa:l]
Emirados Árabes Unidos	**Spojené arabské emiráty** (m mn)	[spojɛnɛ: arapskɛ: ɛmɪra:tɪ]
Síria (f)	**Sýrie** (ž)	[si:rɪe]
Palestina (f)	**Palestinská autonomie** (ž)	[palɛstɪnska: autonomɪe]
Coreia (f) do Sul	**Jižní Korea** (ž)	[jɪʒni: korɛa]
Coreia (f) do Norte	**Severní Korea** (ž)	[severni: korɛa]

151. América do Norte

Estados Unidos da América	**Spojené státy** (m mn) **americké**	[spojɛnɛ: sta:tɪ amɛrɪʦkɛ:]
Canadá (m)	**Kanada** (ž)	[kanada]
México (m)	**Mexiko** (s)	[mɛksɪko]

152. América Central do Sul

Argentina (f)	**Argentina** (ž)	[argɛntɪna]
Brasil (m)	**Brazílie** (ž)	[brazi:lɪe]
Colômbia (f)	**Kolumbie** (ž)	[kolumbɪe]
Cuba (f)	**Kuba** (ž)	[kuba]
Chile (m)	**Chile** (s)	[ʧɪlɛ]
Bolívia (f)	**Bolívie** (ž)	[boli:vɪe]
Venezuela (f)	**Venezuela** (ž)	[vɛnɛzuɛla]
Paraguai (m)	**Paraguay** (ž)	[paragvaj]
Peru (m)	**Peru** (s)	[pɛru]
Suriname (m)	**Surinam** (m)	[surɪnam]
Uruguai (m)	**Uruguay** (ž)	[urugvaj]
Equador (m)	**Ekvádor** (m)	[ɛkva:dor]
Bahamas (f pl)	**Bahamy** (ž mn)	[bahamɪ]
Haiti (m)	**Haiti** (s)	[haɪtɪ]
República Dominicana	**Dominikánská republika** (ž)	[domɪnɪka:nska: rɛpublɪka]
Panamá (m)	**Panama** (ž)	[panama]
Jamaica (f)	**Jamajka** (ž)	[jamajka]

153. Africa

Egito (m)	**Egypt** (m)	[ɛgɪpt]
Marrocos	**Maroko** (s)	[maroko]
Tunísia (f)	**Tunisko** (s)	[tunɪsko]
Gana (f)	**Ghana** (ž)	[gana]
Zanzibar (m)	**Zanzibar** (m)	[zanzɪbar]
Quênia (f)	**Keňa** (ž)	[kɛnʲa]
Líbia (f)	**Libye** (ž)	[lɪbɪe]
Madagascar (m)	**Madagaskar** (m)	[madagaskar]
Namíbia (f)	**Namibie** (ž)	[namɪbɪe]
Senegal (m)	**Senegal** (m)	[sɛnɛgal]
Tanzânia (f)	**Tanzanie** (ž)	[tanzanɪe]
África (f) do Sul	**Jihoafrická republika** (ž)	[jɪhoafrɪt͡ska: rɛpublɪka]

154. Austrália. Oceania

Austrália (f)	**Austrálie** (ž)	[austra:lɪe]
Nova Zelândia (f)	**Nový Zéland** (m)	[novi: zɛ:lant]
Tasmânia (f)	**Tasmánie** (ž)	[tasma:nɪe]
Polinésia (f) Francesa	**Francouzská Polynésie** (ž)	[frant͡souska: polɪnɛ:zɪe]

155. Cidades

Amesterdã, Amsterdã	**Amsterodam** (m)	[amstɛrodam]
Ancara	**Ankara** (ž)	[aŋkara]
Atenas	**Atény** (ž mn)	[atɛ:nɪ]
Bagdade	**Bagdád** (m)	[bagda:t]
Bancoque	**Bangkok** (m)	[bangkok]
Barcelona	**Barcelona** (ž)	[barsɛlona]
Beirute	**Bejrút** (m)	[bɛjru:t]
Berlim	**Berlín** (m)	[bɛrli:n]
Bonn	**Bonn** (m)	[bonn]
Bordéus	**Bordeaux** (s)	[bordo:]
Bratislava	**Bratislava** (ž)	[bratɪslava]
Bruxelas	**Brusel** (m)	[brusɛl]
Bucareste	**Bukurešť** (ž)	[bukurɛʃtʲ]
Budapeste	**Budapešť** (ž)	[budapɛʃtʲ]
Cairo	**Káhira** (ž)	[ka:hɪra]
Calcutá	**Kalkata** (ž)	[kalkata]
Chicago	**Chicago** (s)	[t͡ʃɪka:go]
Cidade do México	**Mexiko** (s)	[mɛksɪko]
Copenhague	**Kodaň** (ž)	[kodanʲ]
Dar es Salaam	**Dar es Salaam** (m)	[dar ɛs sala:m]
Deli	**Dillí** (s)	[dɪli:]

Dubai	**Dubaj** (m)	[dubaj]
Dublim	**Dublin** (m)	[dublɪn]
Düsseldorf	**Düsseldorf** (m)	[disldorf]
Estocolmo	**Stockholm** (m)	[stokholm]
Florença	**Florencie** (ž)	[florɛnt͡sɪe]
Frankfurt	**Frankfurt** (m)	[fraŋkfurt]
Genebra	**Ženeva** (ž)	[ʒenɛva]
Haia	**Haag** (m)	[ha:g]
Hamburgo	**Hamburk** (m)	[hamburk]
Hanói	**Hanoj** (m)	[hanoj]
Havana	**Havana** (ž)	[havana]
Helsinque	**Helsinky** (ž mn)	[hɛlsɪŋkɪ]
Hiroshima	**Hirošima** (ž)	[hɪroʃɪma]
Hong Kong	**Hongkong** (m)	[hoŋkong]
Istambul	**Istanbul** (m)	[ɪstanbul]
Jerusalém	**Jeruzalém** (m)	[jɛruzalɛ:m]
Kiev, Quieve	**Kyjev** (m)	[kɪef]
Kuala Lumpur	**Kuala Lumpur** (m)	[kuala lumpur]
Lion	**Lyon** (m)	[lɪon]
Lisboa	**Lisabon** (m)	[lɪsabon]
Londres	**Londýn** (m)	[londi:n]
Los Angeles	**Los Angeles** (s)	[los ɛnʒɛlis]
Madrid	**Madrid** (m)	[madrɪt]
Marselha	**Marseille** (ž)	[marsɛj]
Miami	**Miami** (s)	[majamɪ]
Montreal	**Montreal** (m)	[monrɛal]
Moscou	**Moskva** (ž)	[moskva]
Mumbai	**Bombaj** (ž)	[bombaj]
Munique	**Mnichov** (m)	[mnɪxof]
Nairóbi	**Nairobi** (s)	[najrobɪ]
Nápoles	**Neapol** (m)	[nɛapol]
Nice	**Nizza** (ž)	[nɪt͡sa]
Nova York	**New York** (m)	[nju: jork]
Oslo	**Oslo** (s)	[oslo]
Ottawa	**Otava** (ž)	[otava]
Paris	**Paříž** (ž)	[parʒi:ʃ]
Pequim	**Peking** (m)	[pɛkɪŋk]
Praga	**Praha** (ž)	[praha]
Rio de Janeiro	**Rio de Janeiro** (s)	[rɪodɛʒanɛ:ro]
Roma	**Řím** (m)	[rʒi:m]
São Petersburgo	**Sankt-Petěrburg** (m)	[saŋkt-pɛterburg]
Seul	**Soul** (m)	[soul]
Singapura	**Singapur** (m)	[sɪngapur]
Sydney	**Sydney** (s)	[sɪdnɛj]
Taipé	**Tchaj-pej** (s)	[taj-pɛj]
Tóquio	**Tokio** (s)	[tokɪo]
Toronto	**Toronto** (s)	[toronto]
Varsóvia	**Varšava** (ž)	[varʃava]

Veneza	**Benátky** (ž mn)	[bɛna:tkɪ]
Viena	**Vídeň** (ž)	[vi:dɛnʲ]
Washington	**Washington** (m)	[voʃɪnkton]
Xangai	**Šanghaj** (ž)	[ʃangxaj]

www.ingramcontent.com/pod-product-compliance
Lightning Source LLC
LaVergne TN
LVHW051742080426
835511LV00018B/3198
* 9 7 8 1 7 8 7 6 7 3 9 8 4 *